Impressum
Verlag: BABADADA GmbH, Nedderfeld 112 , 22529 Hamburg
Geschäftsführer / Verlagsleitung: Harald Hof
Druck: Books on Demand GmbH, In de Tarpen 42, 22848 Norderstedt

Imprint
Publisher: BABADADA GmbH, Nedderfeld 112 , 22529 Hamburg, Germany
Managing Director / Publishing direction: Harald Hof
Print: Books on Demand GmbH, In de Tarpen 42, 22848 Norderstedt, Germany

ysgol
ໂຮງຮຽນ

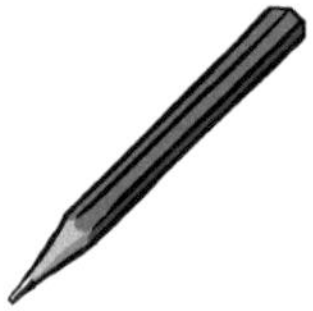

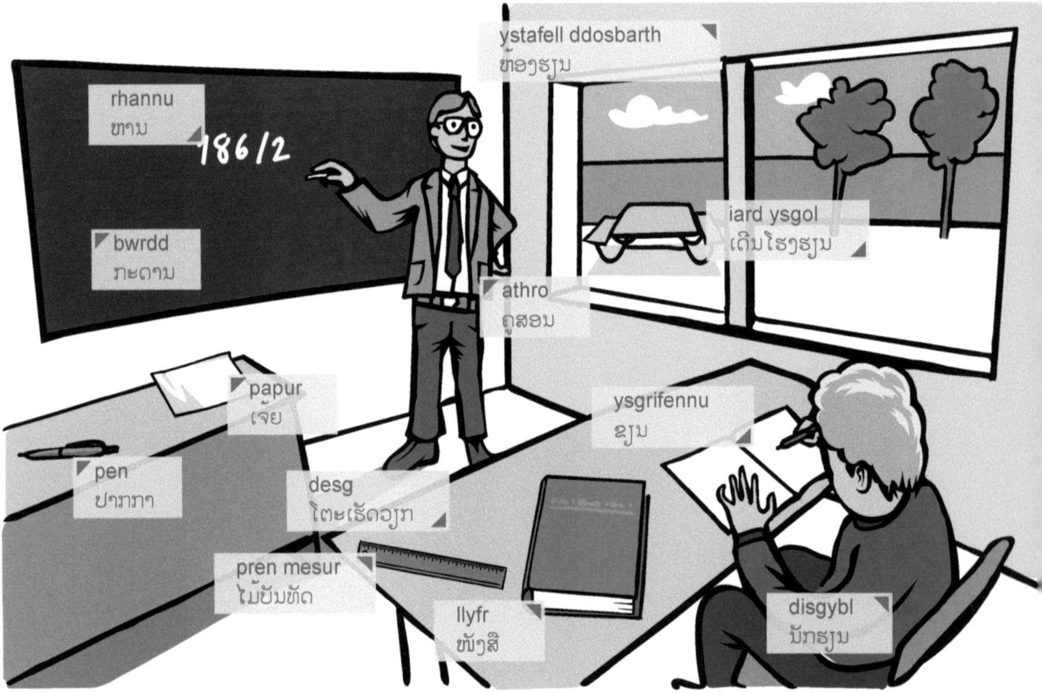

ystafell ddosbarth
ຫ້ອງຮຽນ
rhannu
ຫານ
186/2
bwrdd
ກະດານ
iard ysgol
ເດີນໂຮງຮຽນ
athro
ຄູສອນ
papur
ເຈ້ຍ
ysgrifennu
ຂຽນ
pen
ປາກກາ
desg
ໂຕະເຮັດວຽກ
pren mesur
ໄມ້ບັນທັດ
llyfr
ໜັງສື
disgybl
ນັກຮຽນ

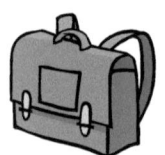

bag ysgol

ກະເປົາໃສ່ປື້ມທີ່ມີສາຍພາຍ

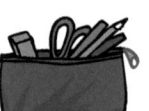

blwch penseli

ກັບສໍດຳ

pensil

ສໍດຳ

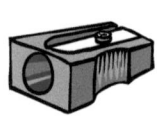

peth rhoi min ar bensil

ເຄື່ອງແຫຼມສໍ

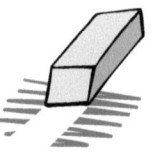

rwber

ຢາງລຶບ

pad arlunio

ສະໝຸດແຕ້ມຮູບ

llun

ພາບວາດ

brws paent

ແປງທາສີ

blwch paent

ກ່ອງສີ

siswrn

ມິດຕັດ

glud

ກາວ

llyfr ysgrifennu

ປຶ້ມເຝິກຂັດ

gwaith cartref

ວຽກບ້ານ

12

rhif

ຕົວເລກ

2+2

ychwanegu

ບວກ

5-2

tynnu

ລົບ

2×2

lluosi

ຄູນ

cyfrifo

ຄິດໄລ່

A

llythyren

ຕົວອັກສອນ

ABCDEFG
HIJKLMN
OPQRSTU
VWXYZ

gwyddor

ພະຍັນຊະນະ

hello

gair

ຄໍາສັບ

testun

ຂໍ້ຄວາມ

darllen

ອ່ານ

sialc

ສໍຊອລ

gwers

ບົດຮຽນ

cofrestr

ລົງທະບຽນ

arholiad

ການສອບເສັ່ງ

tystysgrif

ໃບຍ້ັງຢືນ

gwisg ysgol

ຊຸດນັກຮຽນ

addysg

ການສຶກສາ

gwyddoniadur

ປຶ້ມຮວບຮວມຄວາມຮູ້ສາລະພັດ

prifysgol

ມະຫາວິທະຍາໄລ

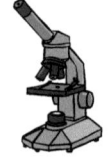

microsgop

ກ້ອງຈຸລະທັດ

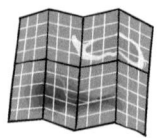

map

ແຜນທີ່

basged papur gwastraff

ກະຕ່າໃສ່ເສດເຈ້ຍ

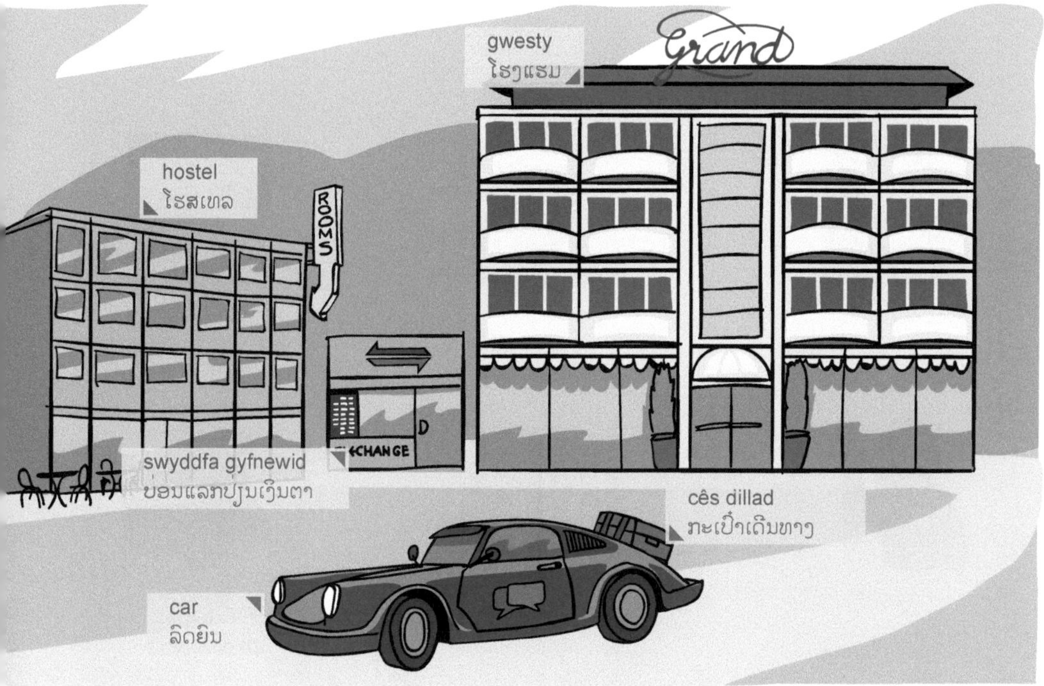

gwesty
ໂຮງແຮມ
Grand
hostel
ໂຮສເທລ
ROOMS
swyddfa gyfnewid
ບ່ອນແລກປ່ຽນເງິນຕາ
EXCHANGE
cês dillad
ກະເປົາເດີນທາງ
car
ລົດຍົນ

iaith

ພາສາ

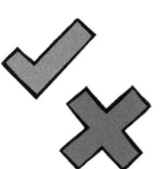

ie / na

ແມ່ນ / ບໍ່ແມ່ນ

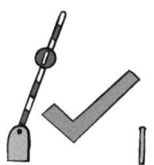

iawn

ຕົກລົງ

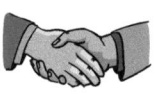

helo

ສະບາຍດີ

cyfieithydd

ນັກແປພາສາ

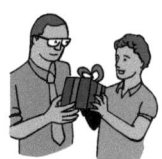

Diolch yn fawr

ຂອບໃຈ

faint yw ...?

ລາຄາເທົ່າໃດ...?

Dw i ddim yn deall

ຂ້ອຍບໍ່ເຂົ້າໃຈ

problem

ບັນຫາ

Noswaith dda!

ສະບາຍດີຕອນແລງ!

Bore da!

ສະບາຍດີຕອນເຊົ້າ!

Nos da!

ລາຕິສະຫວັດ

hwyl

ລາກ່ອນ

cyfarwyddyd

ທິດທາງ

bagiau

ກະເປົ໋າເດີນທາງ

bag

ກະເປົ໋າ

gwarbac

ກະເປົ໋າພາຍຫຼັງ

gwestai

ແຂກ

ystafell

ຫ້ອງ

sach gysgu

ຖົງໃສ່ເຄື່ອງນອນ

pabell

ເຕັ້ມ

gwybodaeth i ymwelwyr

ຂໍ້ມູນນັກທ່ອງທ່ຽວ

traeth

ຊາຍຫາດ

cerdyn credyd

ບິດເຄຣດິດ

brecwast

ອາຫານເຊົ້າ

cinio

ອາຫານທ່ຽງ

swper

ອາຫານແລງ

tocyn

ປີ້

lifft

ລິຟ

stamp

ສະແຕມ

ffin

ພົມແດນ

tollau

ພາສີ

llysgenhadaeth

ສະຖານທູດ

fisa

ວີຊາ

pasbort

ໜັງສືຜ່ານແດນ

cludiant
ຂົນສົ່ງ

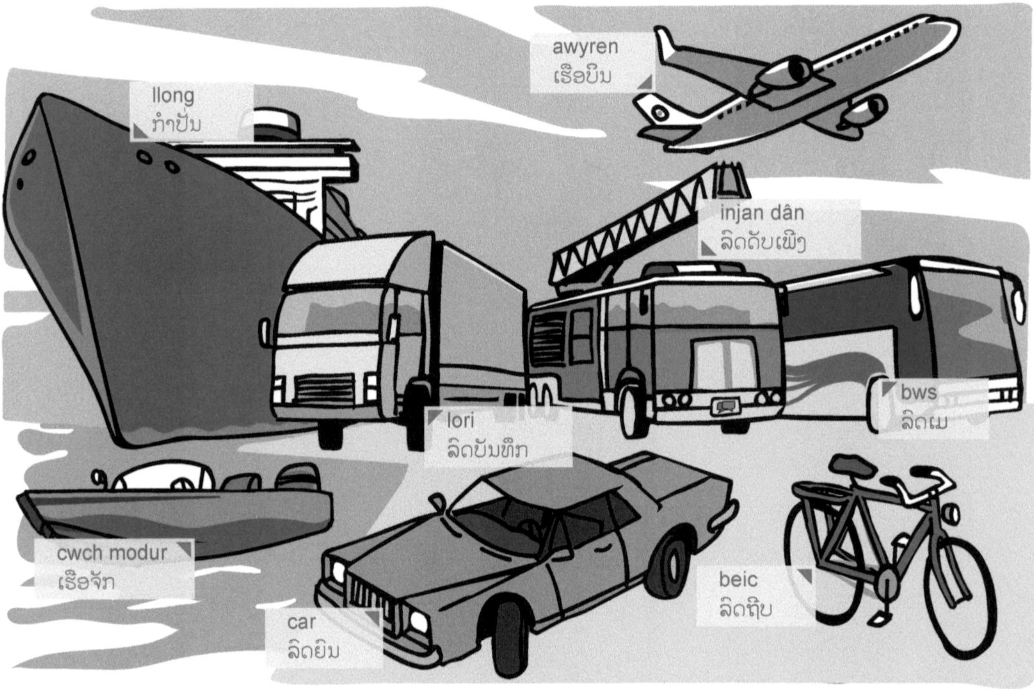
awyren
ເຮືອບິນ
llong
ກຳປັ່ນ
injan dân
ລົດດັບເພີງ
lori
ລົດບັນທຸກ
bws
ລົດເມ
cwch modur
ເຮືອຈັກ
beic
ລົດຖີບ
car
ລົດຍົນ

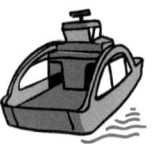

fferi
ເຮືອຂ້າມຟາກ

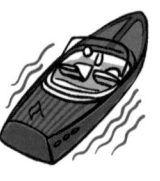

cwch
ເຮືອ

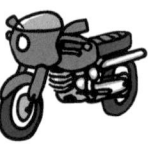

beic modur
ລົດຈັກ

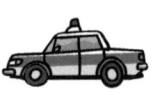

car yr heddlu
ລົດຕຳຫຼວດ

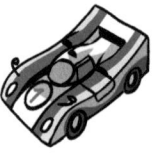

car rasio
ລົດແຂ່ງ

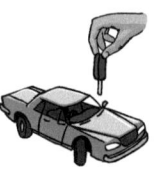

car wedi'i rentu
ລົດເຊົ່າ

rhannu car

ການແບ່ງປັນກັນໃຊ້ລົດ

lori tynnu

ລົດລາກ

lori ysbwriel

ລົດຂົນຂີ້ເຫຍື້ອ

modur

ເຄື່ອງຍົນ

tanwydd

ເຊື້ອໄຟ

gorsaf betrol

ປໍ້ານ້ຳມັນ

arwydd traffig

ປ້າຍຈາລະຈອນ

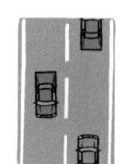

traffig

ການຈາລະຈອນ

tagfa draffig

ການຈາລະຈອນຕິດຂັດ

maes parcio

ບ່ອນຈອດລົດ

gorsaf drennau

ສະຖານີລົດໄຟ

traciau

ລາງລົດໄຟ

trên

ລົດໄຟ

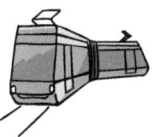

tram

ລົດລາງ

wagen

ຕູ້ລົດໄຟ

hofrennydd

ເຮລິຄອບເຕີ

maes awyr

ສະໜາມບິນ

twr

ຫໍຄອຍ

teithiwr

ຜູ້ໂດຍສານ

cynhwysydd

ຕູ້ບັນຈຸສິນຄ້າ

paced

ກ່ອງເຈ້ຍ

cert

ກວຽນ

basged

ກະຕ່າ

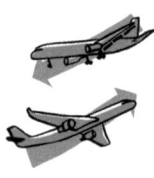

esgyn / glanio

ເຮືອບິນຂຶ້ນ / ເຮືອບິນລົງຈອດ

dinas

ເມືອງ

pentref

ບ້ານ

canol y ddinas

ໃຈກາງເມືອງ

ty

ເຮືອນ

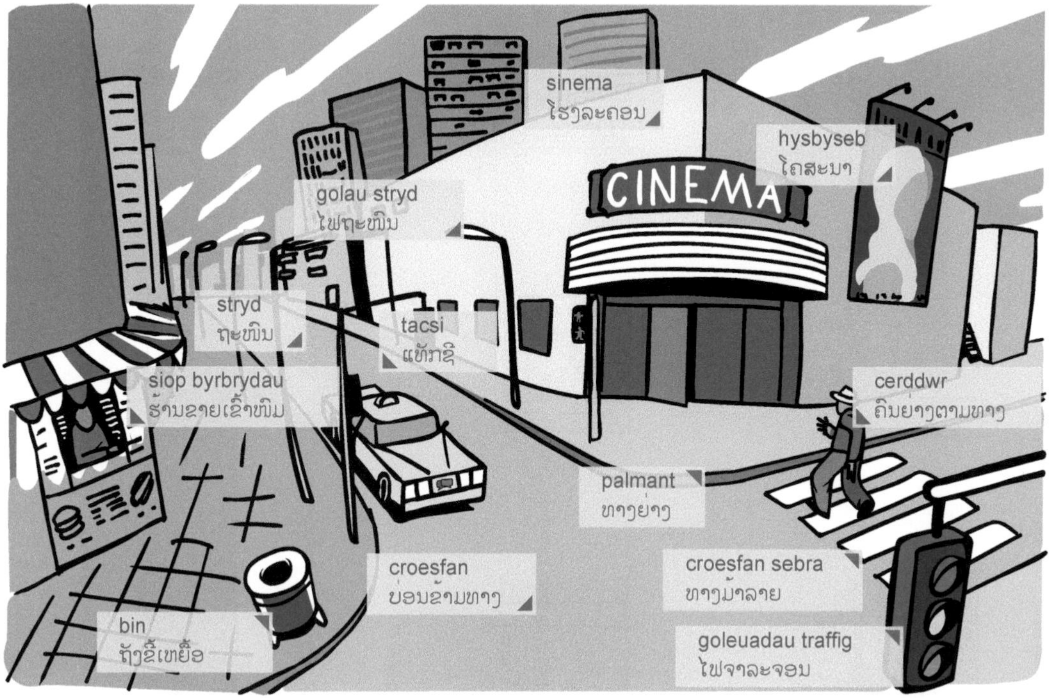
sinema
ໂຮງລະຄອນ
hysbyseb
ໂຄສະນາ
CINEMA
golau stryd
ໄຟຖະໜົນ
stryd
ຖະໜົນ
tacsi
ແທັກຊີ
siop byrbrydau
ຮ້ານຂາຍເຂົ້າໜົມ
cerddwr
ຄົນຍ່າງຕາມທາງ
palmant
ທາງຍ່າງ
croesfan
ບ່ອນຂ້າມທາງ
croesfan sebra
ທາງມ້າລາຍ
bin
ຖັງຂີ້ເຫຍື້ອ
goleuadau traffig
ໄຟຈາລະຈອນ

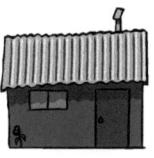

cwt
ຕູບ

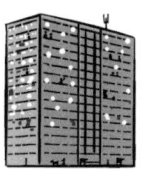

fflat
ແຟລດ

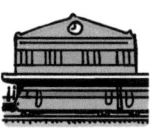

gorsaf drennau
ສະຖານີລົດໄຟ

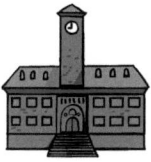

neuadd y dref
ໂຮງການເມືອງ

MUSEUM

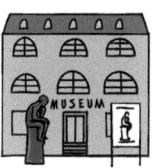

amgueddfa
ຫໍພິພິດຕະພັນ

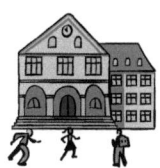

ysgol
ໂຮງຮຽນ

prifysgol

มะหาอิทะยาไล

banc

ทะบาถาม

ysbyty

โຮງໝໍ

gwesty

โຮງแຮມ

fferyllfa

ธ้ามຂายยา

swyddfa

ຫ້ອງການ

siop lyfrau

ธ້ามຂายບັ้ງສື

siop

ธ้ามຄ้า

siop flodau

ธ้ามຂายดอกไม้

archfarchnad

ຊูปเปิมาກເກັດ

farchnad

ຕะຫຼາด

siop adrannol

ຫ້າງສັບພະສິນຄ้า

siop bysgod

ธ้ามຂายปາ

canolfan siopa

ສูมການຄ้า

harbwr

ທາເຮือ

parc

ສວນສາທາລະນະ

banc

ແປ້ນມ້າ

pont

ຂົວ

grisiau

ຂັ້ນໃດ

rheilffordd danddaearol

ລົດໄຟໃຕ້ດິນ

twnnel

ອຸໂມງ

safle bws

ປ້າຍລົດເມ

bar

ຮ້ານຂາຍເຫຼົ້າ

bwyty

ຮ້ານອາຫານ

blwch post

ຕູ້ໄປສະນີ

arwydd stryd

ປ້າຍຊື່ຖະໜົນ

mesurydd parcio

ມິເຕີເກັບຄ່າຝາກລົດ

sŵ

ສວນສັດ

pwll nofio

ສະລອຍນ້ຳ

mosg

ວັດມຸດສະລິມ

dinas - ເມືອງ

fferm

ຟາມ

llygredd

ມົນລະພິດ

mynwent

ສຸສານ

eglwys

ໂບດ

maes chwarae

ເດີ່ນຫຼິ້ນຂອງເດັກນ້ອຍ

teml

ວັດມຸດສະລິມ

tirwedd

ພູມິປະເທດ

deilen
ໃບໄມ້

arwydd cyfeirio
ປ້າຍບອກທາງ

ffordd
ທາງ

dôl
ທົ່ງຫຍ້າ

carreg
ກ້ອນຫີນ

coeden
ຕົ້ນໄມ້

heiciwr
ນັກເດີນທາງໄກດ້ວຍການຍ່າງ

afon
ແມ່ນ້ຳ

glaswellt
ຫຍ້າ

blodyn
ດອກໄມ້

cwm

ຮ່ອມພູ

bryn

ເນິນເຂົາ

llyn

ທະເລສາບ

coedwig

ປ່າ

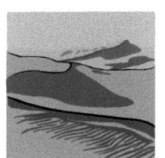

anialwch

ທະເລຊາຍ

llosgfynydd

ພູເຂົາໄຟ

castell

ທຳປະສາດ

enfys

ຮຸ້ງກິນນ້ຳ

madarchen

ເຫັດ

palmwydden

ຕົ້ນປາມ

mosgito

ຍຸງ

pryf

ແມງວັນ

morgrugyn

ມົດ

gwenyn

ເຜິ້ງ

pryf copyn

ແມງມຸມ

chwilen

ແມງປິກແຂງ

llyffant

ກົບ

gwiwer

ກະຮອກ

draenog

ເໝັ້ນ

ysgyfarnog

ກະຕ່າຍປ່າ

tylluan

ນົກເຄົ້າ

aderyn

ນົກ

alarch

ຫົງ

baedd

ໝູປ່າຕົວຜູ້

carw

ກວາງ

elc

ກວາງໃຫຍ່

argae

ເຂື່ອນ

tyrbin gwynt

ໝາກປົ່ນ

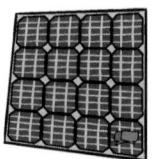

panel haul

ແຜງໄຊລາເຊລ

hinsawdd

ສະພາບອາກາດ

bwyty

ຮ້ານອາຫານ

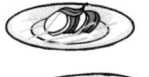

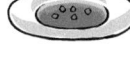

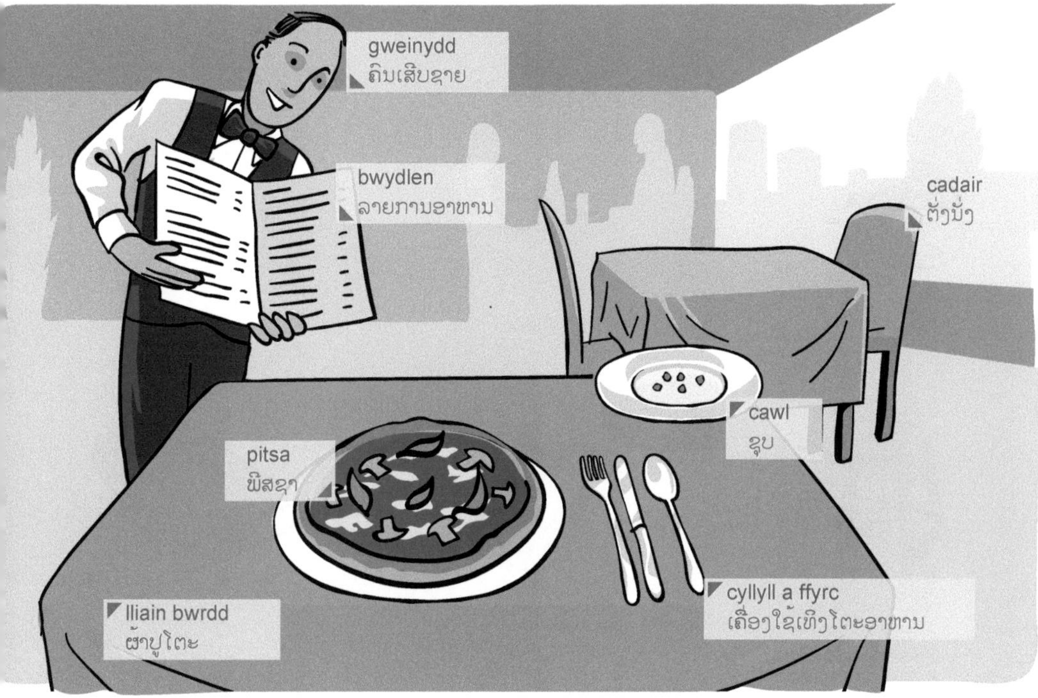
gweinydd
ຄົນເສີບຊາຍ
bwydlen
ລາຍການອາຫານ
cadair
ຕັ່ງນັ່ງ
cawl
ຊຸບ
pitsa
ພິສຊາ
lliain bwrdd
ຜ້າປູໂຕະ
cyllyll a ffyrc
ເຄື່ອງໃຊ້ເທິງໂຕະອາຫານ

cwrs cyntaf

ອາຫານເລີ່ມຕົ້ນ

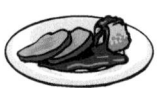

prif gwrs

ອາຫານຈານຫຼັກ

pwdin

ຂອງຫວານ

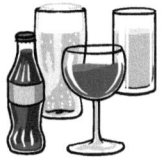

diodydd

ເຄື່ອງດື່ມ

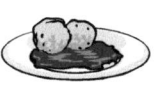

bwyd

ອາຫານ

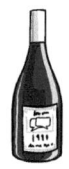

potel

ຂວດແກ້ວ

bwyd cyflym

ອາຫານຈານດ່ວນ

bwyd y stryd

ຮ້ານຂາຍທາງ

tebot

ເຕົ້ານ້ຳຊາ

powlen siwgr

ຖ້ວຍນ້ຳຕານ

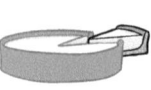

dogn

ສ່ວນແບ່ງອາຫານສຳລັບຫນຶ່ງຄົນ

peiriant espresso

ເຄື່ອງຊົງກາເຟເອສເປຣສໂຊ

cadair plentyn

ເກົ້າອີ້ສູງ

bil

ໃບເກັບເງິນ

hambwrdd

ຖາດ

cyllell

ມີດ

fforc

ສ້ອມ

llwy

ບ່ວງ

llwy de

ຊ້ອນຊາ

napcyn

ຜ້າເຊັດປາກຢູ່ໂຕະອາຫານ

gwydr

ຈອກແກ້ວ

plât

ຈານ

plât cawl

ຈານຊຸບ

soser

ຈານຮອງ

saws

ຊອສ

pot halen

ກະປຸກເກືອ

melin bupur

ກະປຸກພິກໄທ

finegr

ນ້ຳສົ້ມສາຍຊູ

olew

ນ້ຳມັນພືດ

sbeisys

ເຄື່ອງເທດ

saws coch

ຊອສໝາກເດັ່ນ

mwstard

ຜັກກາດຈຳພວກຜັກກາດ

mayonnaise

ມາຍອນເນສ

archfarchnad
ຊູບເປີມາກເກັດ

cynnig arbennig
ຂໍ້ສະເໜີພິເສດ
FOR
cwsmer
ລູກຄ້າ
cynnyrch llaeth
ຜະລິດຕະພັນທີ່ເຮັດຈາກນົມ
ffrwythau
ໝາກໄມ້
troli
ລົດຊຸກ

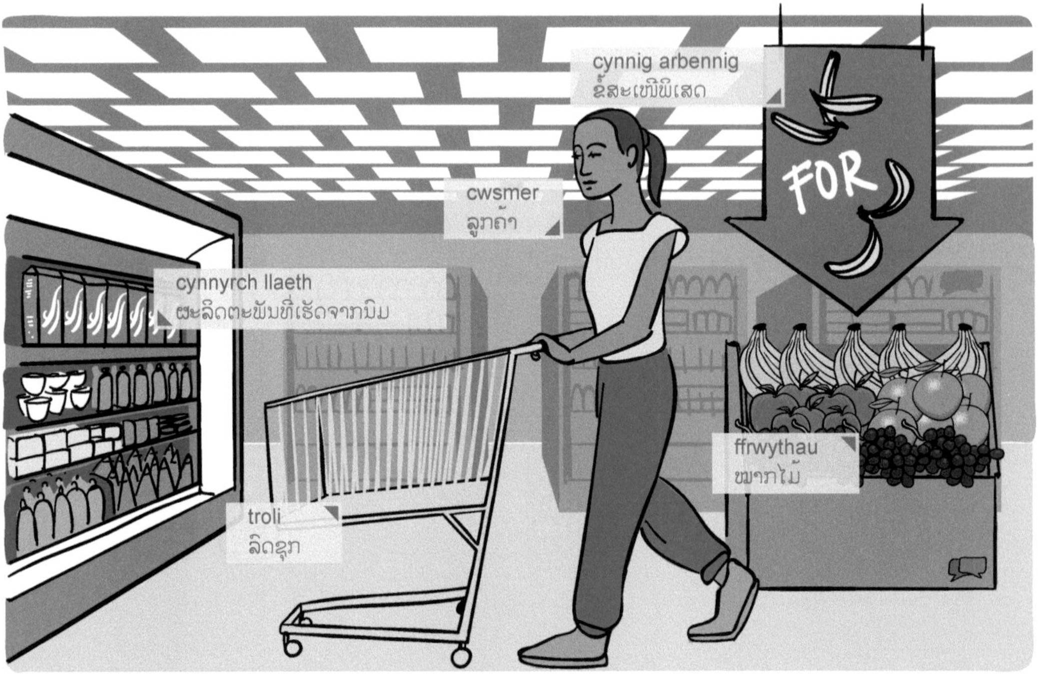

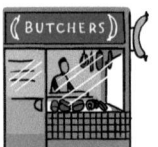

BUTCHERS

siop gig

ຮ້ານຂາຍຊີ້ນ

BAKERY

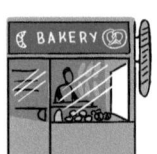

siop fara

ຮ້ານຂາຍເຂົ້າໜົມປັງ

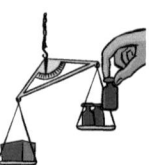

pwyso

ຊັ່ງນໍ້າໜັກ

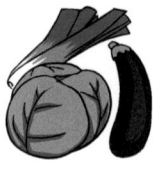

llysiau

ຜັກ

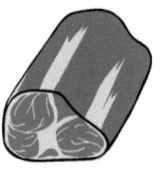

cig

ຊີ້ນ

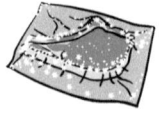

Bwyd wedi'i rewi

ອາຫານແຊ່ແຂງ

cig oer

ຊີ້ນເຢັນ

bwyd tun

ອາຫານກະປ໋ອງ

powdr golchi

ແຟັບຊັກເຄື່ອງ

da-da

ເຂົ້າໜົມຫວານ

cynnyrch cartref

ຜະລິດຕະພັນໃຊ້ຄົວເຮືອນ

cynhyrchion glanhau

ຜະລິດຕະພັນທຳຄວາມສະອາດ

gwerthwraig

ພະນັກງານຂາຍບິ໋ງ

til

ເຄື່ອງຄິດເງິນ

ariannwr

ພະນັກງານເກັບສິດ

rhestr siopa

ລາຍການຊື້ເຄື່ອງ

oriau agor

ເວລາເປີດເຮັດວຽກ

waled

ກະເປົາເງິນ

cerdyn credyd

ບິດເຄຣດິດ

bag

ຖົງ

bag plastig

ຖົງຢາງ

dŵr

ນ້ຳ

sudd

ນ້ຳໝາກໄມ້

llefrith

ນົມ

côc

ໂຄກ

gwin

ອາຍ

cwrw

ເບຍ

alcohol

ເຫຼົ້າ

coco

ໂກໂກ້

te

ຊາ

coffi

ກາເຟ

espresso

ເອສເປຣສໂຊ

cappuccino

ຄາປູຊິໂນ

ffrwchledd

ໝາກກ້ວຍ

afal

ແອັບເປ້ຶມ

oren

ໝາກກ້ຽງ

melon

ໝາກໂມ

lemwn

ໝາກນາວ

moronen

ຫິວກະຣົດ

garlleg

ຜັກທຽມ

bambŵ

ຕົ້ນໄຜ່

nionyn

ຫອມບົ່ວ

madarchen

ເຫັດ

cnau

ຖົ່ວ

nwdls

ເສັ້ນໝີ່

sbageti

ສະປາແກັດຕີ້

reis

ເຂົ້າ

salad

ສະຫຼັດ

sglodion

ມັນຝຣັ່ງທອດ

tatws wedi'u ffrïo

ມັນຝຣັ່ງທອດ

pitsa

ພິສຊາ

hambyrger

ແຮມເບີເກີ້

brechdan

ແຊນວິດຈ໌

cytled

ຊີ້ນຕິດກະດູກ

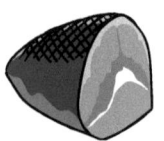

ham

ແຮມ

salami

ໄສ້ກອກແຫ້ງຊາລາມິ

selsig

ໄສ້ກອກ

cyw iâr

ໄກ່

rhost

ຢ່າງ

pysgodyn

ປາ

ceirch uwd
ເຂົ້າປຸກເຂົ້າໂອດ

miwsli
ອາຫານຊະນິດເປັນເມັດກອບ

creision ŷd
ເຂົ້າຊຸບເປັນປ່ຽງນ້ອຍໆ

blawd
ເຂົ້າແປ້ງ

croissant
ເຂົ້າຈີ່ຊະນິດທີ່ງມີຮູບເດືອນເຄີ່ງ
ຫວອຍ

bynsen
ເຂົ້າຫນົມປັ້ງແບບມ້ວນ

bara
ເຂົ້າຫນົມປັ້ງ

tost
ເຂົ້າຫນົມປັ້ງປິ້ງ

bisgedi
ເຂົ້າຫນົມປັ້ງຊະນິດກ້ອນນ້ອຍ

menyn
ເນີຍ

ceuled
ນ້ຳນົມແຂ້ນ

teisen
ເຄກ

wy
ໄຂ່

wy wedi'i ffrïo
ໄຂ່ດາວ

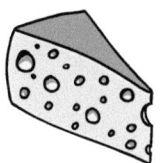

caws
ເນີຍແຂງ

hufen iâ

ກະແລ້ມ

siwgr

ນ້ຳຕານ

mêl

ນ້ຳເຜິ້ງ

jam

ແຍມ

siocled taenu

ຊ໊ອກໂກແລັດຄຣີມສະເປຣຄ

cyri

ກະລີ

ffermdy
ເຮືອນໃນຟາມ

bwrn gwellt
ມັດເຝືອງ

ysgubor
ສາງທີ່ໃຊ້ເປັນບ່ອນໄວ້ເຝືອງເຂົ້າໃນຟາມ

maes
ທົ່ງນາ

ceffyl
ມ້າ

öl-gerbyd
ລົດພວງ

tractor
ລົດແທັກເຕີ້

ebol
ລູກມ້າ

asyn
ລາ

oen
ລູກແກະ

dafad
ແກະ

gafr	buwch	llo

ແກະ	ງົວຕົວແມ່	ລູກງົວ

mochyn	porchell	tarw

ໝູ	ລູກໝູ	ງົວຕົວຜູ້

gwydd

ຫ່ານ

hwyaden

ເປັດ

cyw

ລູກໄກ່

iâr

ແມ່ໄກ່

ceiliog

ໄກ່ຜູ້

llygoden fawr

ຫນູ

cath

ແມວ

llygoden

ຫນູ

ych

ງົວຕົວຜູ້

ci

ຫມາ

cwt ci

ຄອກຫມາ

pibell ddŵr

ສາຍທໍ່ຍາງໆທີ່ໃຊ້ໃນສວນ

can dŵr

ຊ້ອຫົດຕົ້ນໄມ້

pladur

ກ່ງວດ້າມຍາວ

aradr

ຄັນໄຖ

cryman

ກ຺ຽວ

fforch chwynu

ຈົກ

picwarch

ຄາດ

bwyell

ຂວານ

berfa

ລົດຍູ້ລໍ້ຽວ

cafn

ຫາງລົມ

tun llefrith

ປ່ອງນົມ

sach

ກະສອບ

ffens

ຮົ້ວ

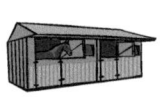

stabl

ຄອກມ້າ

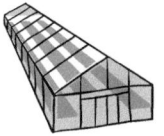

tŷ gwydr

ເຮືອນກະຈົກ

pridd

ດິນ

hedyn

ແກ່ນ

gwrtaith

ປຸ໋ຍ

dyrnwr medi

ເຄື່ອງກ຺ຽວເຂົ້າ

cynaeafu

ເກັບກ່ຽວ

cynhaeaf

ການເກັບກ່ຽວ

iamau

ເຜືອກ

gwenith

ເຂົ້າສາລິ

soi

ຖົ່ວເຫຼືອງ

tysen

ມັນຝຣັ່ງ

grawn

ເຂົ້າໂພດ

had rêp

ດອກເຣພຊິດ

coeden ffrwythau

ຕົ້ນໄມ້ທີ່ອອກໝາກ

manioc

ມັນຕົ້ນ

grawnfwydydd

ພຶດຂະນົດເມັດ

simnai
ປ່ອງຄວັນໄຟ

to
ຫຼັງຄາ

peipen law
ທໍ່ລະບາຍນ້ຳ

ffenestr
ໜ້າຕ່າງ

garej
ບອມໄອ້ລິດ

cloch y drws
ກະດິ່ງປະຕູ

drws
ປະຕູ

bin sbwriel
ຖັງຂີ້ເຫຍື້ອ

blwch post
ກ່ອງຈົດໝາຍ

gardd
ສວນ

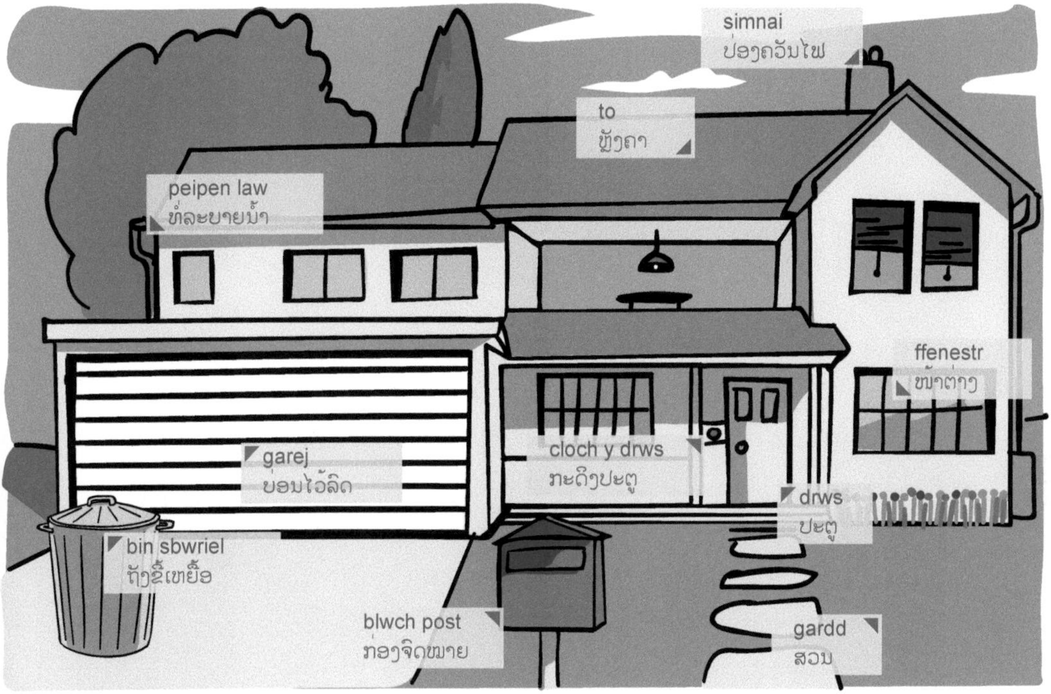

lolfa

ຫ້ອງຮັບແຂກ

ystafell ymolchi

ຫ້ອງນ້ຳ

cegin

ຫ້ອງຄົວ

ystafell wely

ຫ້ອງນອນ

ystafell plentyn

ຫ້ອງພັກສຳລັບເດັກນ້ອຍ

ystafell fwyta

ຫ້ອງອາຫານ

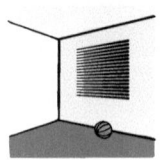

llawr

ພື້ນ

wal

ຝາຜະໜັງ

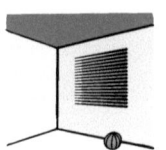

nenfwd

ເພດານ

seler

ຫ້ອງເກັບເຄື່ອງໃຕ້ດິນ

sawna

ຫ້ອງອົບອາຍນ້ຳ

balconi

ລະບຽງ

teras

ຊຸ້ມຕາມຂ້າງຟູ

pwll

ສະລອຍນ້ຳ

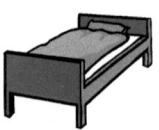

peiriant torri gwair

ເຄື່ອງຕັດຫຍ້າ

taflen

ຜ້າປູບ່ອນນອນ

gorchudd gwely

ຜ້າປູຕຽງ

gwely

ຕຽງ

ysgub

ຟອຍ

bwced

ຖຸ

swits

ສະວິດ

lolfa

ຫ້ອງຮັບແຂກ

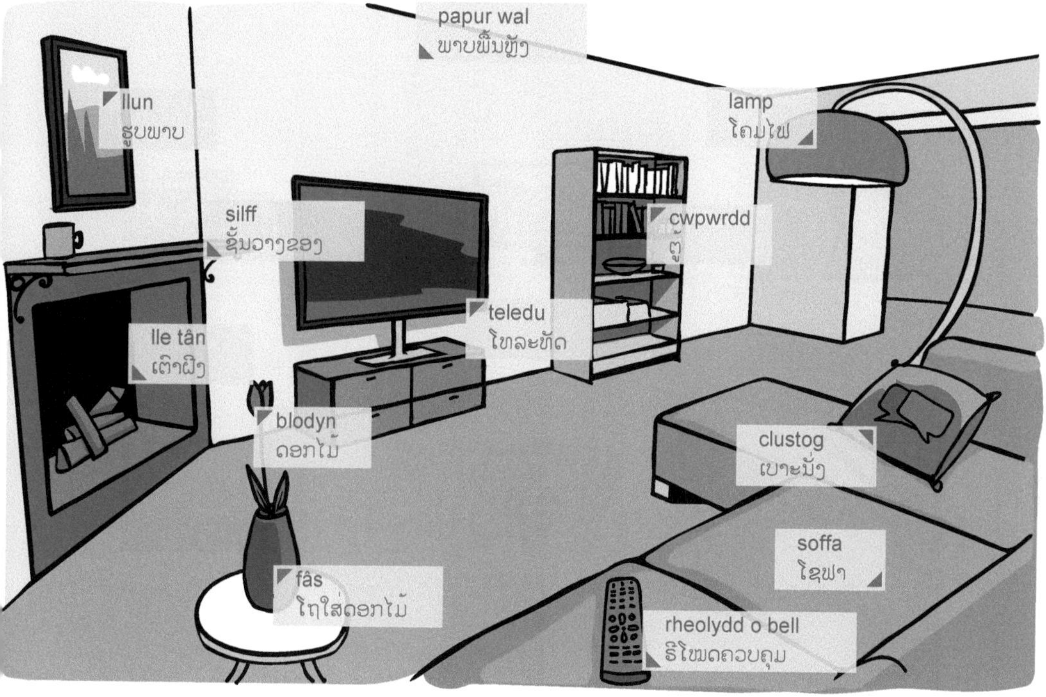

papur wal
ພາບພື້ນຫຼັງ
llun
ຮູບພາບ
lamp
ໂຄມໄຟ
silff
ຊັ້ນວາງຂອງ
cwpwrdd
ຕູ້
teledu
ໂທລະທັດ
lle tân
ເຕົາຜີງ
blodyn
ດອກໄມ້
clustog
ເບາະນັ່ງ
soffa
ໂຊຟາ
fâs
ໂຖໃສ່ດອກໄມ້
rheolydd o bell
ຣີໂໝດຄວບຄຸມ

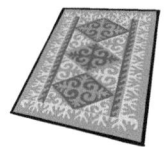

carped

ພົມປູພື້ນ

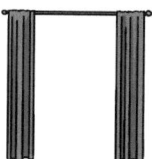

llen

ຜ້າກັ້ງ

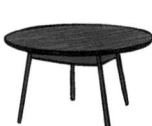

bwrdd

ໂຕະ

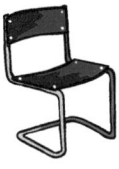

cadair

ຕັ່ງນັ່ງ

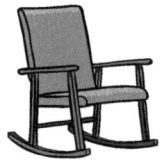

cadair siglo

ຕັ່ງນັ່ງແບບໂຍກໄດ້

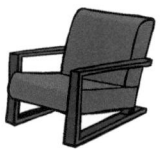

cadair freichiau

ຕັ່ງນັ່ງທີ່ມີບ່ອນວາງແຂນ

llyfr

ໜ້ງສື

blanced

ຜ້າຫົ່ມ

addurn

ຂອງຕິກແຕ່ງ

coed tân

ຟືນ

ffilm

ຮູບເງົາ

hi-fi

ເຄື່ອງສຽງລະບົບໄຮໄຟ

agoriad

ກະແຈ

papur newydd

ໜ້ງສືພິມ

darlun

ການແຕ້ມຮູບ

poster

ໂປສເຕີ

radio

ວິທະຍຸ

llyfr nodiadau

ແຜນບັນທຶກ

hwfer

ເຄື່ອງດູດຝຸ່ນ

cactws

ຕົ້ນກະບອງເພັດ

cannwyll

ທຽນໄຂ

cegin

ຫອງຄົວ

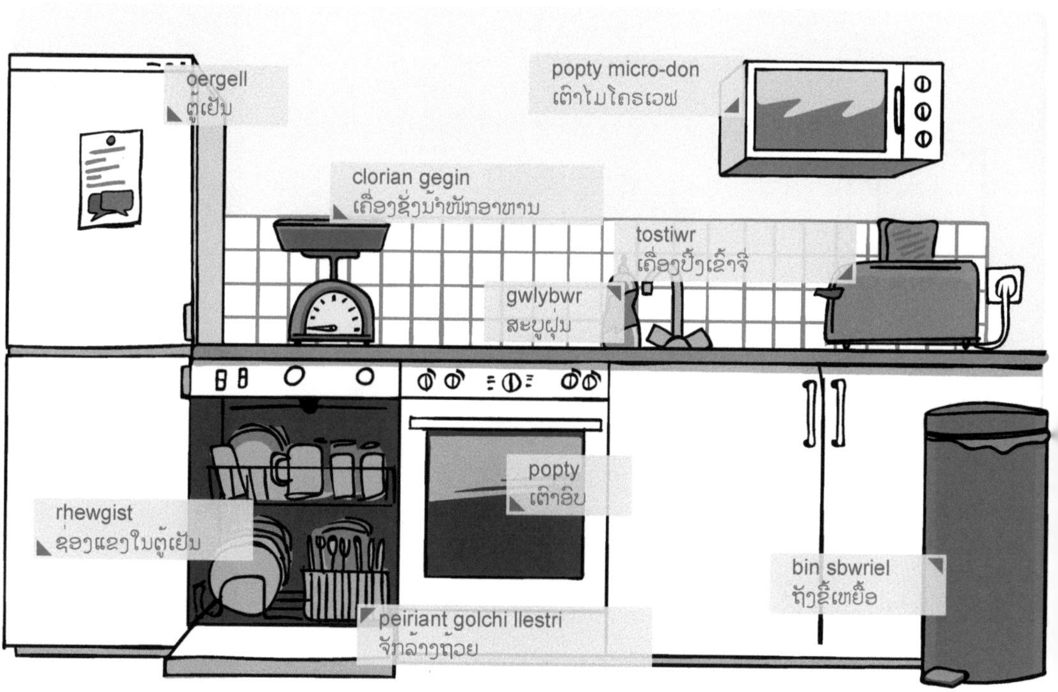
oergell
ຕູ້ເຢັນ
popty micro-don
ເຕົາໄມໂຄຣເວຟ
clorian gegin
ເຄື່ອງຊັ່ງນ້ຳໜັກອາຫານ
tostiwr
ເຄື່ອງປີ້ງເຂົ້າຈີ່
gwlybwr
ສະບູຝຸ່ນ
popty
ເຕົາອົບ
rhewgist
ຊອງແຂງໃນຕູ້ເຢັນ
bin sbwriel
ຖັງຂີ້ເຫຍື້ອ
peiriant golchi llestri
ຈັກລ້າງຖ້ວຍ

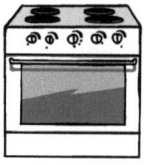

popty

ໝໍ້ຕົ້ມ

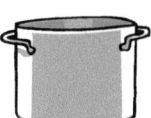

pot

ໝໍ້

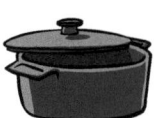

pot haearn bwrw

ໝໍ້ເຫຼັກຫຼໍ່

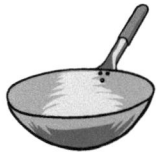

wok / kadai

ໝໍ້ກະທະຈືນ

padell

ໝໍກະທະກົ້ນແບນ

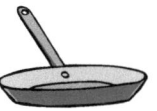

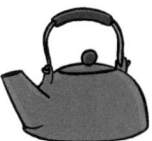

tegell

ກາຕົ້ມນ້ຳ

sosban stemio
ໝໍ້ໄອໜ້າ

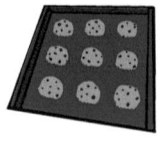

hambwrdd pobi
ຖາດອົບ

llestri
ເຄື່ອງຖ້ວຍຊາມ

mwg
ຈອກກາເຟ

powlen
ຖ້ວຍ

gweill bwyta
ໄມ້ທູ່

lletwad
ຈອງດ້າມຍາວ

ysbodol
ຕະຫຼິວ

chwisg
ເຄື່ອງຕີໄຂ່

hidlydd
ກະຊອນ

gogr
ເຄື່ອງຈອນ

gratiwr
ເຫຼັກຂູດ

morter
ຄົກ

barbeciw
ບາບີຄິວ

tân agored
ແຄມໄຟຖານອອນ

bwrdd torri cig

ຂຽງ

rholbren

ໄມ້ນວດແປ້ງ

tynnwr corcyn

ເຄື່ອງໄຂດອນແກ້ວ

tun

ກະປ໋ອງ

peth agor tuniau

ເຄື່ອງເປີດກະປ໋ອງ

clwt pot

ຖົງມືຈັບຂອງຮ້ອນ

sinc

ອ່າງລ້າງຈານ

brws

ແປງ

sbwng

ຟອງນ້ຳ

peiriant cymysgu

ເຄື່ອງປັ່ນ

rhewgell

ຕູ້ແຊ່ແຂງ

potel babi

ຂວດນົມ

tap

ກ໊ອກນ້ຳ

ystafell ymolchi

ຫ້ອງນ້ຳ

gwres
ເຄື່ອງທຳຄວາມຮ້ອນ
tywel
ຜ້າເຊັດໂຕ
cawod
ຝັກບົວ
llen gawod
ຜ້າກັ້ງຫ້ອງນ້ຳ
baddon ewyn
ສະບູທຳຟອງ
baddon
ອ່າງອາບນ້ຳ
gwydr
ຈອກແກ້ວ
peiriant golchi
ຈັກຊັກຜ້າ
tap
ກ໊ອກນ້ຳ
teils
ກະເບື້ອງ
potyn
ງ້ຽວຍ່ຽວ
sinc
ອ່າງລ້າງຈານ

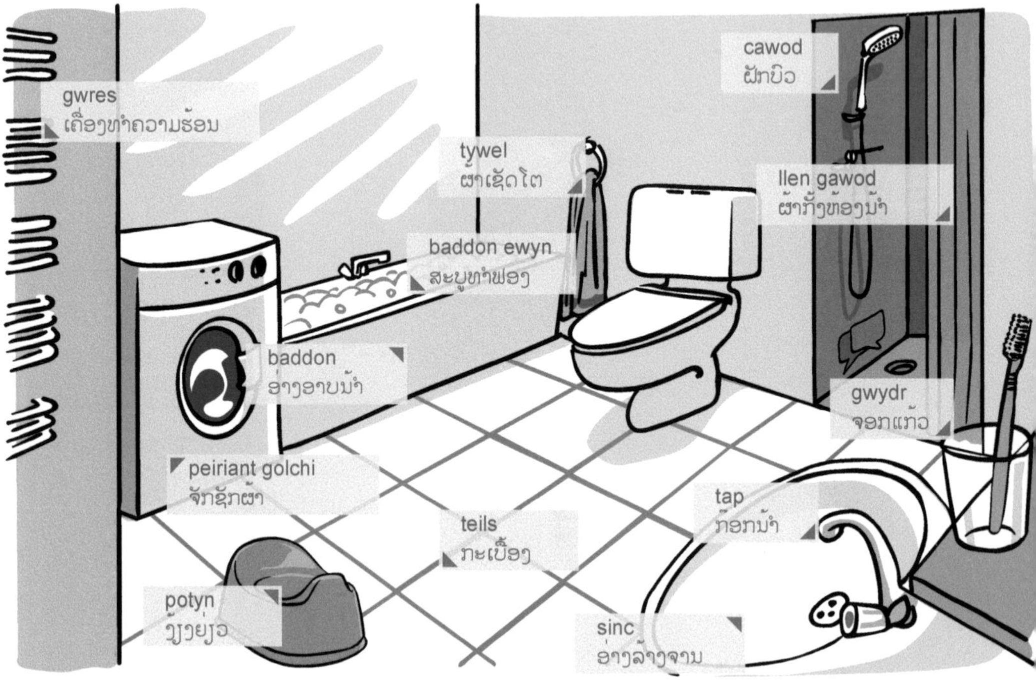

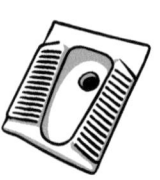

tŷ bach

ຫ້ອງສ້ວມ

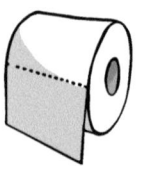

toiled cyrcydu

ໂຖສ້ວມແບບນັ່ງຍອງ

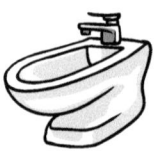

bidet

ໂຖຍ່ຽວຂອງຜູ້ຍິງ

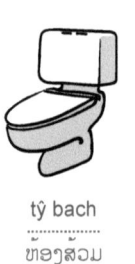

troethfa

ໂຖຍ່ຽວຂອງຜູ້ຊາຍ

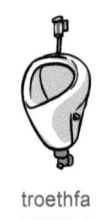

papur tŷ bach

ກະດາດຊຳລະທີ່ໃຊ້ໃນຫ້ອງນ້ຳ

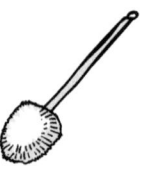

brws tŷ bach

ແປງຂັດຫ້ອງນ້ຳ

brws dannedd

แปງสີฟັນ

past dannedd

ຢາສີຟັນ

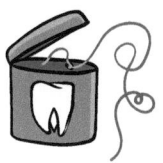

edau ddannedd

ໄໝຂັດແຂ້ວ

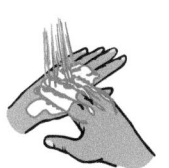

golchi

ລ້າງ

cawod llaw

ຝັກບົວອາບນ້ຳທີ່ໃຊ້ມືຈັບ

golchfa

ເຄື່ອງສີດລ້າງ

basn

ອ່າງລ້າງໜ້າ

brws-ôl

ແປງຖູຫົວ

sebon

ສະບູ

gel cawod

ເຈລອາບນ້ຳ

siampŵ

ແຊມພູ

gwlanen

ຜ້າຖູໂຕນ້ອຍ

ffos

ທໍ່ລະບາຍນ້ຳເສຍ

hufen

ຄີມ

diaroglydd

ຢາດັບກິ່ນ

drych
ແອບແຍງ

drych llaw
ແອບມືຖື

rasel
ມີດແຖຫນວດ

ewyn eillio
ໂຟມແຖຫນວດ

sent eillio
ໂລຊັນບຳລຸຜິວຫຼັງແຖຫນວດ

crib
ຫວີ

brws
ແປງ

sychwr gwallt
ຈັກເປົ່າຜົມ

chwistrell gwallt
ສະເປຍຈັດຜົມ

colur
ຊຸດເຄື່ອງສຳອາງ

minlliw
ລິບສະຕິກທາສົບ

farnais ewinedd
ນ້ຳຍາທາເລັບ

gwlân cotwm
ສຳລີ

siswrn ewinedd
ມີດຕັດເລັບ

persawr
ນ້ຳຫອມ

bag ymolchi

ກະເປົ໋າອາບນ້ຳ

stôl

ຕັ່ງສາມຂາ

clorian

ເຄື່ອງຊັ່ງນ້ຳໜັກ

gŵn baddon

ເສື້ອຄຸມອາບນ້ຳ

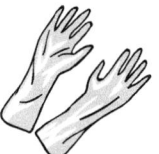

menig rwber

ຖົງມືຢາງ

tampon

ຜ້າອະນາໄມແບບສອດ

tywel misglwyf

ຜ້າອະນາໄມ

toiled cemegol

ຫ້ອງນ້ຳເຄມີ

ystafell plentyn
ຫອງພັກສຳລັບເດັກນອຍ

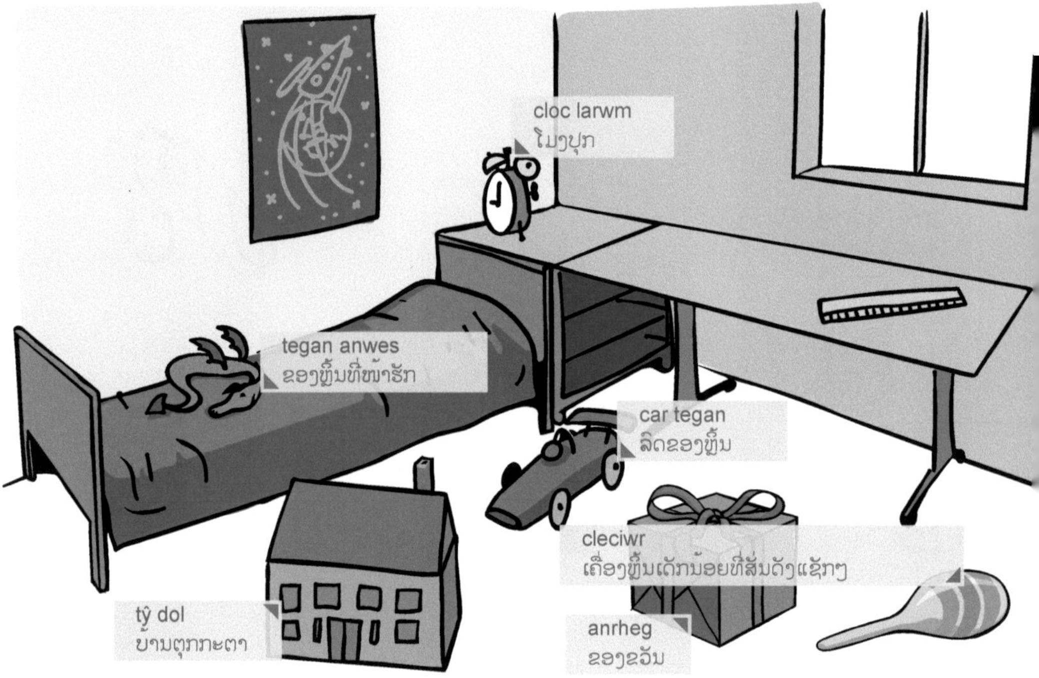

cloc larwm
ໂມງປຸກ
tegan anwes
ຂອງຫຼິ້ນທີ່ໜ້າຮັກ
car tegan
ລົດຂອງຫຼິ້ນ
cleciwr
ເຄື່ອງຫຼິ້ນເດັກນ້ອຍທີ່ສັ່ນດັງແຊັກໆ
tŷ dol
ບານຕຸກກະຕາ
anrheg
ຂອງຂວັນ

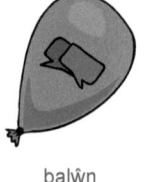

balŵn

ໝາກປຸມເປົ້າ

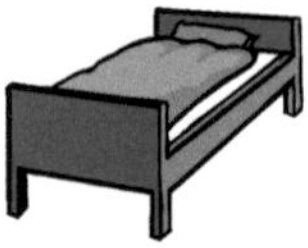

gwely

ຕຽງ

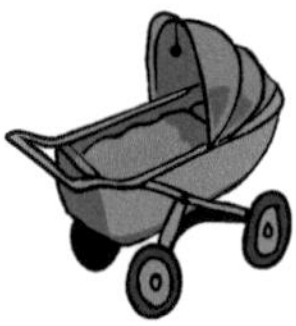

pram

ລົດຍູ້ເດັກ

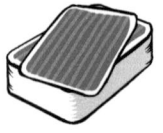

pecyn o gardiau

ຊຸມໄພ້

jig-so

ຈີກຊໍ

comic

ໜັງສືກາຕູນ

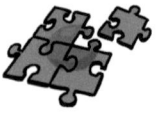

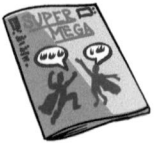

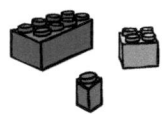

brics Lego
ຕົວຕໍ່ເລໂກ້

blociau adeiladu
ບລ້ອກຂອງຫຼິ້ນ

ffigur gweithredu
ຮູບປັ້ນທີ່ເຄື່ອນໄຫວໄດ້

babygro
ເສື້ອຜ້າເດັກເກີດໃໝ່

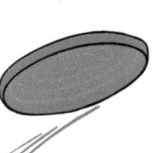

ffrisbi
ຈານບິນ

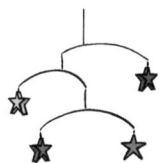

ffôn symudol
ສິ່ງທີ່ແກວ່ງໄປມາແຂວນຢູ່ເທິງຫົວ
ຕຽງເດັກນອຍ

gêm fwrdd
ເກມກະດານ

deis
ໝາກກະລອກ

set model trên
ຊຸດລົດໄຟຈຳລອງ

teth lwgu
ຮູບທຸມ

parti
ງານລ້ຽງ

llyfr lluniau
ໜັງສືພາບ

pêl
ໝາກບານ

dol
ຕຸກກະຕາ

chwarae
ຫຼິ້ນ

pwll tywod

ຂຸມດິນຊາຍສຳລັບເດັກນ້ອຍຫຼິ້ນ

swing

ຊິງຊາ

teganau

ຂອງຫຼິ້ນ

consol gemau fideo

ເຄື່ອງຫຼິ້ນວິດີໂອເກມ

beic tair olwyn

ລົດຖີບສາມລໍ້

tedi

ຕຸກກະຕາໝີ

cwpwrdd dillad

ຕູ້ເສື້ອຜ້າ

dillad

ເສື້ອຜ້າ

hosanau

ລອງເທົ້າ

hosanau

ຖົງເທົ້າຍາວຜູ້ຍິງ

teits

ໂສ້ງຢືດແບບເໝື້ອ

sgarff
ຜ້າພັນຄໍ

ymbarél
ຄັນຮົ່ມ

gwregys
ສາຍແອວ

crys-t
ເສື້ອຍືດຄໍມິນ

esidiau ymarfer
ເກີບກິລາ

esgidiau
ເກີບບູດທ໌

sliperi
ເກີບແຕະ

sandalau
ເກີບຮ້ວດຄາມ

esgidiau
ເກີບ

esgidiau rwber
ເກີບບູດທ໌ຢາງ

trôns
ໂສ້ງຊ້ອນໃນ

bra
ເສື້ອຊ້ອນໃນ

fest
ເສື້ອມກ້າມ

corff

ເສື້ອຮັດທຸນ

trowsus

ໂສ້ງຂາຍາວ

jîns

ໂສ້ງຍີນ

sgert

ກະໂປ່ງ

blows

ເສື້ອຜູ້ຍິງ

crys

ເສື້ອເຊີດ

pwlofer

ເສື້ອກັນໜາວ

hwdi

ເສື້ອຄຸມມີໝວກ

blaser

ເສື້ອໃໝ່ທີ່ຕິດກາໂຮງຮຽນຫຼືກາທິມກິລາ

siaced

ເສື້ອແຈັກເກັດ

côt

ເສື້ອນອກ

côt law

ເສື້ອກັນຝົນ

gwisg

ເຄື່ອງແຕ່ງກາຍ

gŵn

ກະໂປ່ງ

gwisg briodas

ຊຸດແຕ່ງງານ

siwt

ເສື້ອສູດ

gŵn nos

ຊຸດລາຕິ

pyjamas

ຊຸດນອນ

sari

ຊຸດຊາຣິ

sgarff pen

ຜ້າຄຸມຫົວ

tyrban

ຜ້າພັນຫົວ

bwrca

ເສື້ອບຸຣຸເກາະ

cafftan

ເສື້ອຄຸມຄາຟຕານ

abaya

ເສື້ອຄຸມອາບາຍາ

gwisg nofio

ຊຸດລອຍນ້ຳ

trowsus nofio

ໂສ້ງໃສ່ລອຍນ້ຳ

siorts

ໂສ້ງຂາສັ້ນ

tracwisg

ຊຸດອອມ

ffedog

ຜ້າກັນເປື້ອນ

menig

ຖົງມື

botwm

ກະດຸມ

sbectol

ແວ່ນຕາ

breichled

ປອກແຂນ

cadwyn

ສ້ອຍຄໍ

modrwy

ແຫວນ

clustdlws

ຕຸ້ມຫູ

cap

ໝວກແກັບ

cambren

ກ້າງແຂນເສື້ອນອກ

het

ໝວກ

tei

ກາລະຫວັດ

sip

ຊິບ

helmed

ໝວກກັນກະທົບ

fframiau danedd

ສາຍໂຍງໂສ້ງ

gwisg ysgol

ຊຸດມັກຮຽນ

gwisg

ເຄື່ອງແບບ

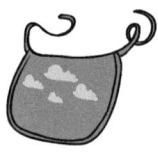

bib

ຜ້າກັນເປື້ອນເດັກ

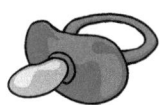

teth lwgu

ຮູບຫຸ່ນ

cewyn

ຜ້າອ້ອມ

swyddfa

ຫ້ອງການ

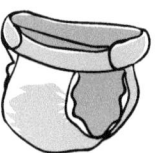

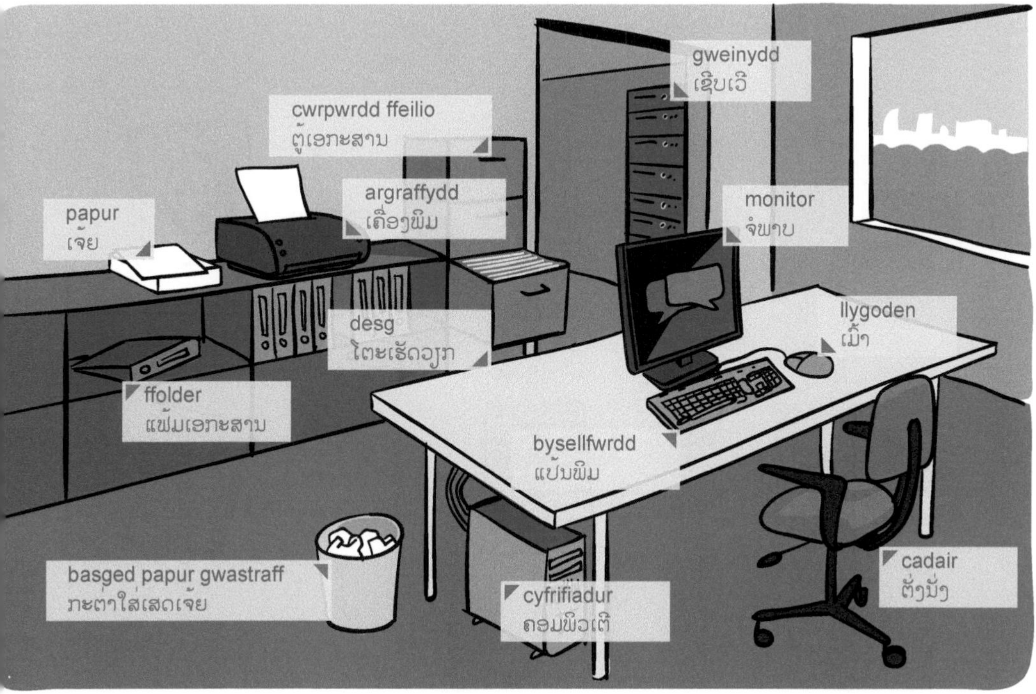
gweinydd
ເຊີບເວີ
cwrpwrdd ffeilio
ຕູ້ເອກະສານ
papur
ເຈ້ຍ
argraffydd
ເຄື່ອງພິມ
monitor
ຈໍພາບ
llygoden
ເມົ້າ
desg
ໂຕະເຮັດວຽກ
ffolder
ແຟ້ມເອກະສານ
bysellfwrdd
ແປ້ນພິມ
basged papur gwastraff
ກະຕ່າໃສ່ເສດເຈ້ຍ
cyfrifiadur
ຄອມພິວເຕີ
cadair
ຕັ່ງນັ່ງ

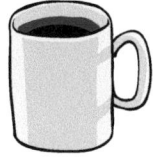

mwg coffi

ຈອກຫີນໃສ່ກາເຟ

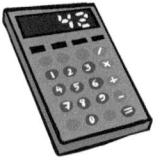

cyfrifiannell

ເຄື່ອງຄິດເລກ

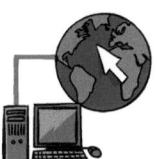

rhyngrwyd

ອິນເຕີເນັດ

gliniadur

ຄອມພິວເຕີແລັບທ້ອບ

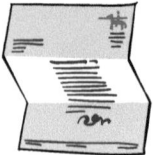

llythyr

ຈິດໝາຍ

neges

ຂໍ້ຄວາມ

ffôn symudol

ໂທລະສັບມືຖື

rhwydwaith

ເຄືອຂ່າຍ

llungopïwr

ເຄື່ອງຖ່າຍເອກະສານ

meddalwedd

ຊອບແວ

teleffon

ໂທລະສັບ

soced plwg

ປັກໄຟ

peiriant ffacs

ເຄື່ອງແຟັກ

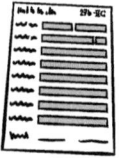

ffurflen

ແບບຟອມ

dogfen

ເອກະສານ

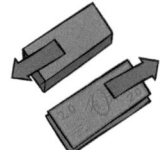

prynu

ຊື້

talu

ຈ່າຍ

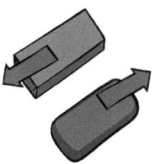

masnachu

ຄ້າຂາຍ

arian

ເງິນ

doler

ເງິນດອນລາ

ewro

ເງິນຢູໂຣ

yen

ເງິນເຢນ

rwbl

ເງິນຣູເບິລ

ffranc y Swistir

ເງິນຝຣັ່ງສະວິດ

yuan renminbi

ເງິນຢວນເຣິນໜິນບີ້

rwpi

ເງິນຣູປີ

peiriant arian

ເຄື່ອງສຳລັບກົດເງິນສົດຈາກທະນາຄານ

swyddfa gyfnewid
ຫ້ອງແລກປ່ຽນເງິນຕາ

aur
ທອງຄຳ

arian
ເງິນ

olew
ນ້ຳມັນ

ynni
ພະລັງງານ

pris
ລາຄາ

contract
ສັນຍາ

treth
ພາສີ

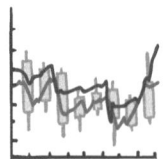

stoc
ຫຸ້ນ

gweithio
ເຮັດວຽກ

cyflogai
ລູກຈ້າງ

cyflogwr
ນາຍຈ້າງ

ffatri
ໂຮງງານ

siop
ຮ້ານຄ້າ

swyddi
ອາຊີບ

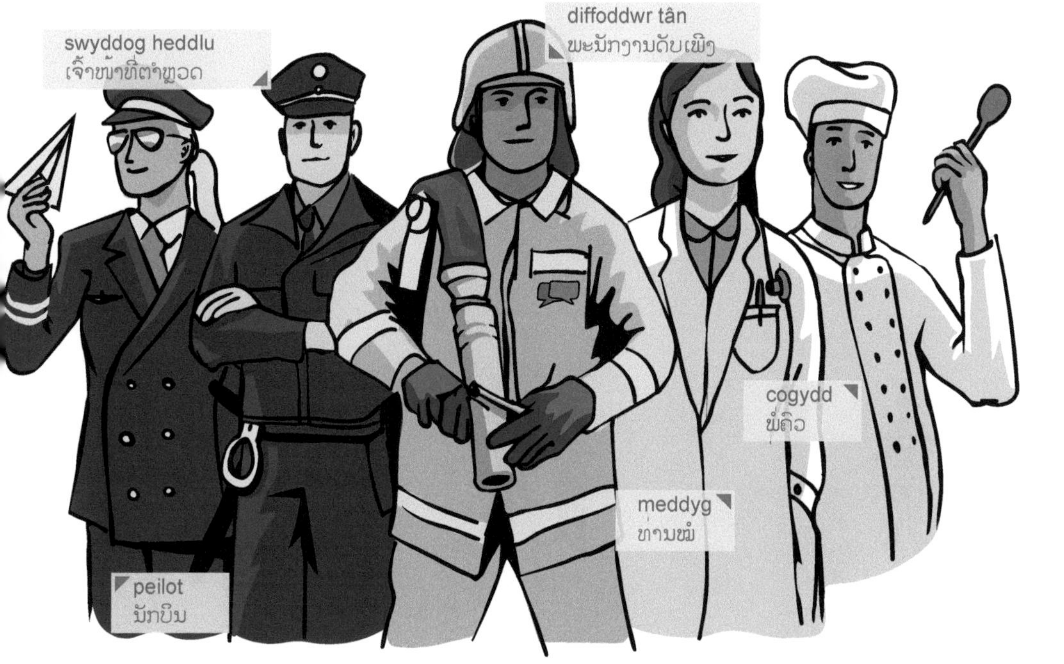

swyddog heddlu
ເຈົ້າໜ້າທີ່ຕຳຫຼວດ
diffoddwr tân
ພະນັກງານດັບເພີງ
cogydd
ພໍ່ຄົວ
meddyg
ທ່ານໝໍ
peilot
ນັກບິນ

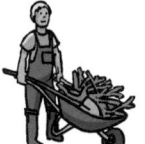

garddwr

ຊາວສວນ

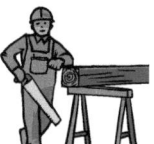

saer

ຊ່າງໄມ້

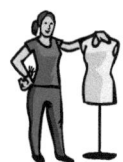

gwniadwraig

ຊ່າງຫຍິບຜ້າທີ່ເປັນຜູ້ຍິງ

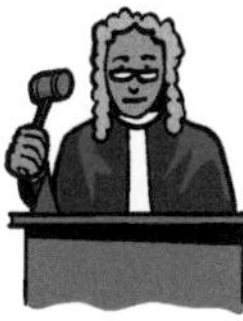

barnwr

ຜູ້ພິພາກສາ

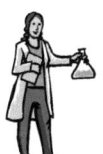

fferyllydd

ນັກເຄມີ

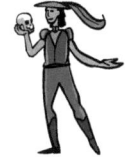

actor

ນັກສະແດງຊາຍ

gyrrwr bws

ຄົນຂັບລົດເມປະຈຳທາງ

gyrrwr tacsi

ຄົນຂັບແທັກຊີ

pysgotwr

ຊາວປະມົງ

glanhawraig

ແມ່ບ້ານທຳຄວາມສະອາດ

töwr

ຊ່າງມຸງຫຼັງຄາ

gweinydd

ຄົນເສີບຂາຍ

heliwr

ນາຍພານ

paentiwr

ຊ່າງທາສີ

pobydd

ຄົນເຮັດເຂົ້າໜົມປັງ

trydanwr

ຊ່າງໄຟຟ້າ

adeiladwr

ຊ່າງກໍ່ສ້າງ

peiriannydd

ວິສະວິກອນ

cigydd

ຄົນຂາຍຊີ້ນ

plymiwr

ຊ່າງນ້ຳປະປາ

dyn y post

ບູລຸດໄປສະນີ

milwr

ທະຫານ

pensaer

ສະຖາປະນິກ

ariannwr

ພະນັກງານເກັບສິດ

gwerthwr blodau

ຄົນຂາຍດອກໄມ້

triniwr gwallt

ຊ່າງແຕ່ງຜົມ

archwiliwr tocynnau rheilffordd

ພະນັກງານກວດປີ້ລົດ

mecanydd

ຊ່າງສ້ອມລົດຍົນ

capten

ຜູ້ບັງຄັບການ

deintydd

ໝໍປົວແຂ້ວ

gwyddonydd

ນັກວິທະຍາສາດ

rabi

ພະໃນສາສະໜາຍິວ

imam

ຜູ້ນຳຂາວມຸສລິມ

mynach

ຄູບາ

clerigwr

ນັກບວດ

offer
ເຄື່ອງມື

morthwyl
ຄ້ອນຕີ
gefail
ຄີມ
tyrnsgriw
ເຫຼັກໄຂຄວງ
sbaner
ຄີມປາກຕາຍ
fflashlamp
ໄຟສາຍ

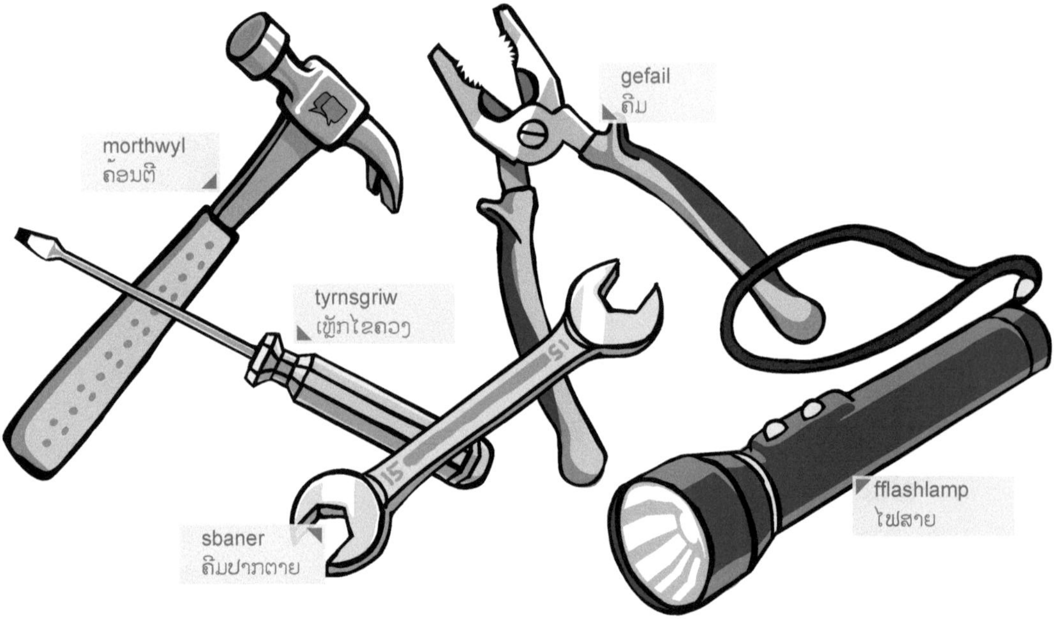

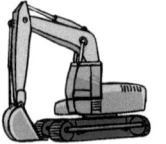

turiwr
ເຄື່ອງຂູດ

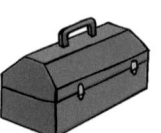

blwch offer
ກັບເຄື່ອງມື

ysgol
ຂັ້ນໄດ

llif
ເລື່ອຍ

hoelion
ຕະປູ

dril
ເຫຼັກຊີ

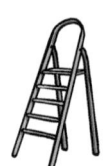

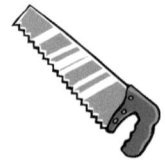

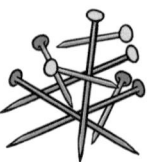

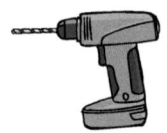

trwsio

ສ້ອມແປງ

rhaw

ຊ້ວມ

Daria!

ຕາຍທ່າ!

rhaw lwch

ຂອງຊ້ວມຂີ້ເຫຍື້ອ

pot paent

ຖັງສີ

sgriwiau

ຕະປູກ້ຽວ

offerynnau cerdd
ເຄື່ອງດົນຕີ

set drymiau
ກອງຊຸດ

uchelseinydd
ລຳໂພງ

gitâr
ກິຕ້າ

bas dwbl
ດັບເບິລເບສ

trwmped
ແກາທອງເປົ່າ

piano

ເປຍໂນ

ffidil

ໄວໂອລິນ

bas

ເບສ

timpani

ກອງທິມປານີ

drymiau

ກອງຊຸດ

cyweirfwrdd

ຄີບອດ

sacsoffon

ແຊັກໂຊໂຟນ

ffliwt

ຂຸຍ

meicroffon

ໄມໂຄຣໂຟນ

teigr
ເສືອ

mynediad
ທາງເຂົ້າ

cawell
ກົງຂັງມິກ

sebra
ມ້າລາຍ

bwyd anifeiliaid
ອາຫານສັດ

panda
ໝີແພນດ້າ

anifeiliaid

ສັດ

eliffant

ຊ້າງ

canganŵ

ກັງກາຣູ

rhinoseros

ແຮດ

gorila

ລິງໂຮມໃຫຍ່

arth

ໝີ

camel

ອູດ

estrys

ນົກກະຈອກເທດ

llew

ສິງໂຕ

mwnci

ລິງ

fflamingo

ນົກຟລາມິງໂກ

parot

ນົກແກ້ວ

arth wen

ໝີຂົ້ວໂລກ

pengwin

ນົກເພັນກວິນ

siarc

ປາສະຫຼາມ

paun

ນົກຍຸງ

neidr

ງູ

crocodeil

ແຂ້

gofalwr sŵ

ຜູ້ເບິ່ງແຍງສວນສັດ

morlo

ແມວນ້ຳ

jagwar

ເສືອຈາກົວ

merlyn

ມ້າພັນນ້ອຍ

llewpard

ເສືອດາວ

hipo

ຮິບໂປ

jiráff

ໂຕຈິຣາຟ

eryr

ນົກງ່ອ

baedd

ໝູປ່າຕິວຜູ້

pysgodyn

ປາ

crwban

ເຕົ່າ

walrws

ຊ້າງນ້ຳ

llwynog

ໝາຈອກ

gafrewig

ກວາງນ້ອຍ

pêl-droed America
ອາເມລິກັນຟຸດບອນ

beicio
ຂີ່ລົດຖີບ

tennis
ກິລາເທນນິສ

pêl-fasged
ບັສເກັດບອລ

nofio
ກິລາລອຍນ້ຳ

bocsio
ຊົກມວຍ

hoci iâ
ກິລາຕີຕິດເດີ່ນນ້ຳແຂງ

pêl-droed

ກິລາເຕະບານ

badminton

ກິລາຕິດອກປີກໄກ່

athletau

ກິລາປະເພດ ແລ່ນ
ເຕັ້ນແລະແກວ່ງ

pêl-law

ແຮນບອລ

sgïo

ກິລາສະກີ້

polo

ກິລາໂປໂລນ້ຳ

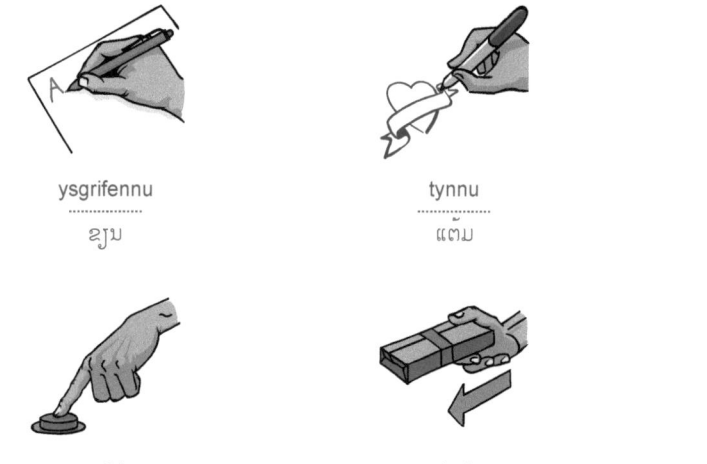

neidio
ໂດດ

chwerthin
ຫົວ

cofleidio
ກອດ

cerdded
ຍ່າງ

canu
ຮ້ອງເພງ

breuddwydio
ຝັນ

gweddïo
ໄຫວ້ພະ / ສວດມົນ

cusanu
ຈູບ

ysgrifennu	tynnu	dangos
ຂຽນ	ແຕ້ມ	ສະແດງ

gwthio	rhoi	cymryd
ຢູ້	ໃຫ້	ເອົາໄປ

bod gan

ມີ

gwneud

ເຮັດ

bod

ເປັນ

sefyll

ຢືນ

rhedeg

ແລ່ນ

tynnu

ດຶງ

taflu

ໂຍນ

disgyn

ລົ້ມ

gorwedd

ນອນຢຽດ

aros

ລໍຖ້າ

cario

ຫິ້ວ

eistedd

ນັ່ງ

gwisgo amdanoch

ແຕ່ງຕົວ

cysgu

ນອນຫຼັບ

deffro

ຕື່ນນອນ

edrych ar

ເບິ່ງ

crïo

ຮ້ອງໄຫ້

anwesu

ລູບ

cribo

ຫວີຜົມ

siarad

ລົມ

deall

ເຂົ້າໃຈ

gofyn

ຄຳຖາມ

gwrando

ຟັງ

yfed

ດື່ມ

bwyta

ກິນ

tacluso

ຈັດໃຫ້ເປັນລະບຽບ

caru

ຮັກ

coginio

ຄົວກິນ

gyrru

ຮັບລົດ

hedfan

ບິນ

hwylio

ແລ່ນເຮືອ

cyfrifo

ຄິດໄລ່

darllen

ອ່ານ

dysgu

ຮຽນຮູ້

gweithio

ເຮັດວຽກ

priodi

ແຕ່ງງານ

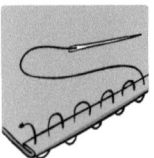

gwnïo

ຫຍິບ

brwsio dannedd

ແປງຟັນ

lladd

ຂ້າ

ysmygu

ສູບຢາ

anfon

ສົ່ງ

teulu
ຄອບຄົວ

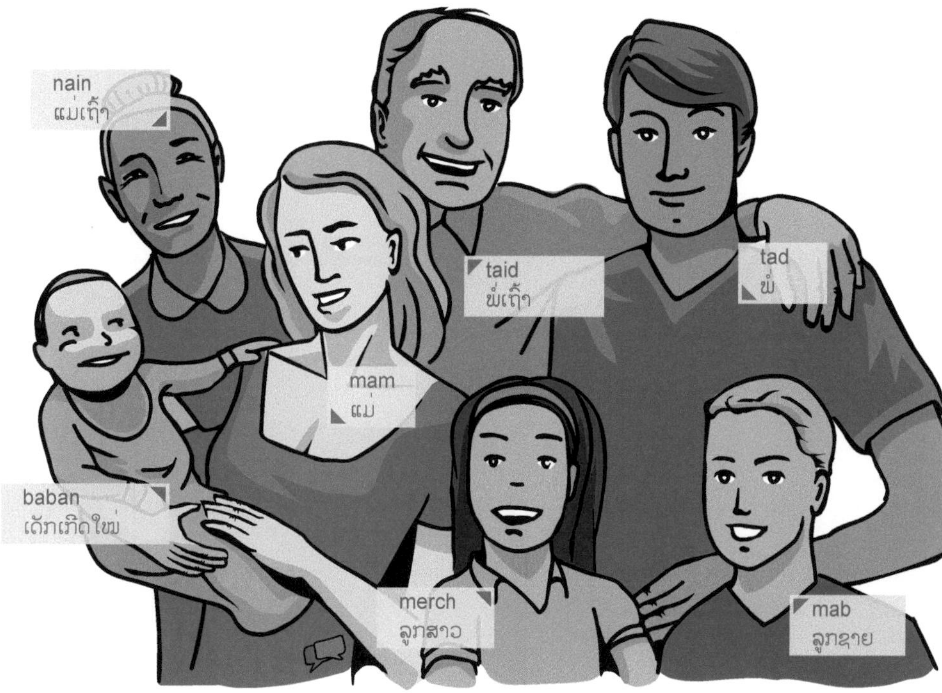
nain
ແມ່ເຖົ້າ
taid
ພໍ່ເຖົ້າ
tad
ພໍ່
mam
ແມ່
baban
ເດັກເກີດໃໝ່
merch
ລູກສາວ
mab
ລູກຊາຍ

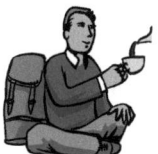

gwestai
ແຂກ

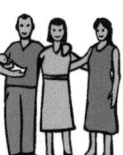

modryb
ປ້າ

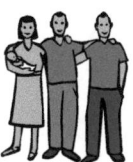

ewythr
ລຸງ

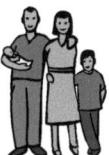

brawd
ອ້າຍນ້ອງ

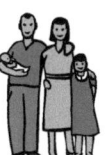

chwaer
ເອື້ອຍນ້ອງ

corff

ຮາງກາຍ

talcen
ໜ້າຜາກ
llygad
ຕາ
ysgwydd
ບ່າໄຫຼ
bys
ນີ້ວມື
wyneb
ໃບໜ້າ
gên
ຄາງ
llaw
ມື
coes
ຂາ
bron
ໜ້າເອິກ
braich
ແຂນ

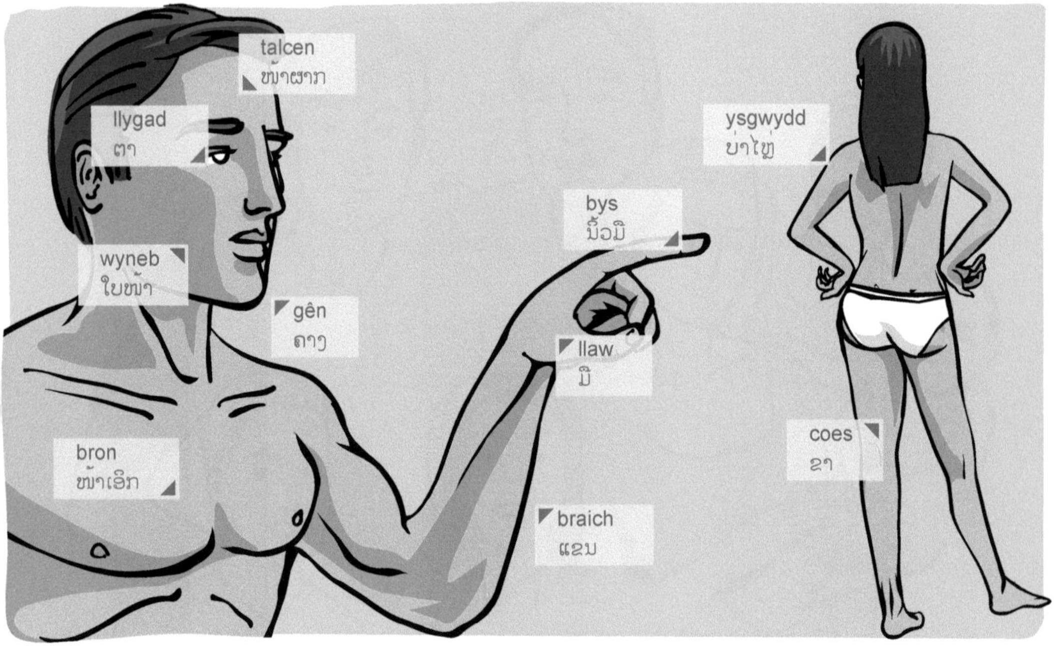

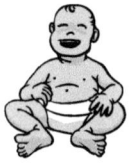

baban

ເດັກເກີດໃໝ່

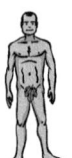

dyn

ຜູ້ຊາຍ

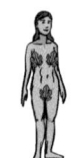

gwraig

ຜູ້ຍິງ

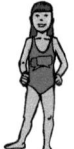

geneth

ເດັກຍິງ

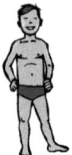

bachgen

ເດັກຊາຍ

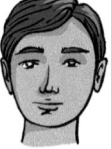

pen

ຫົວ

cefn

ຫຼັງ

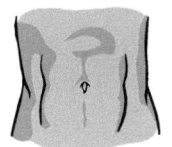

bel

ທ້ອງ

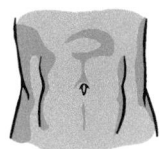

bogail

ສະບື

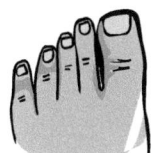

bys troed

ນິ້ວຕິນ

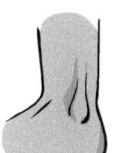

sawdl

ສົ້ນຕິນ

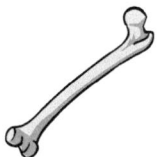

asgwrn

ກະດູກ

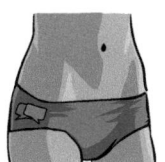

clun

ກະໂພກ

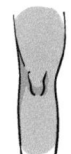

pen-glin

ຫົວເຂົ່າ

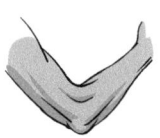

penelin

ແຂນສອກ

trwyn

ດັງ

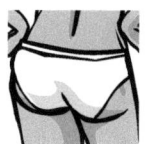

pen ôl

ກົ້ນ

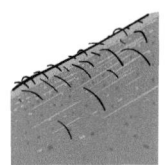

croen

ຜິວໜັງ

boch

ແກ້ມ

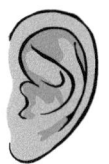

clust

ຫູ

gwefus

ຮິມສົບ

ceg

ປາກ

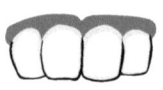

dant

ແຂ້ວ

tafod

ລີ້ນ

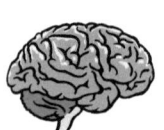

ymennydd

ສະໝອງ

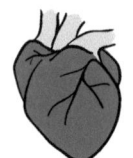

calon

ຫົວໃຈ

cyhyr

ກ້າມເນື້ອ

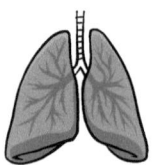

ysgyfaint

ປອດ

iau

ຕັບ

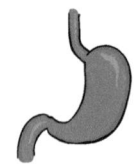

stumog

ກະເພາະ

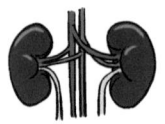

arennau

ໄຕ

rhyw

ເພດສໍາພັນ

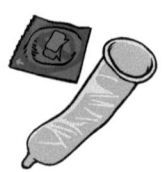

condom

ຖົງຍາງອະນາໄມ

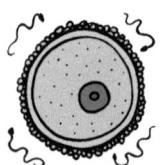

ofwm

ເຊ້ລສືບພັນ

semen

ນ້ຳອະສຸຈິ

beichiogrwydd

ການຖືພາ

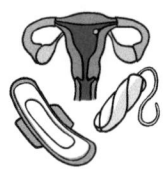

mislif

ປະຈຳເດືອນ

fagina

ຊ່ອງຄອດ

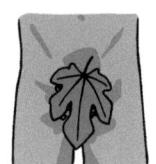

pidyn

ອະໄວຍະວະເພດຊາຍ

ael

ຄິ້ວ

gwallt

ເສັ້ນຜົມ

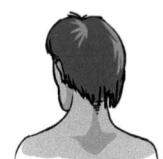

gwddf

ຄໍ

ysbyty
ໂຮງໝໍ

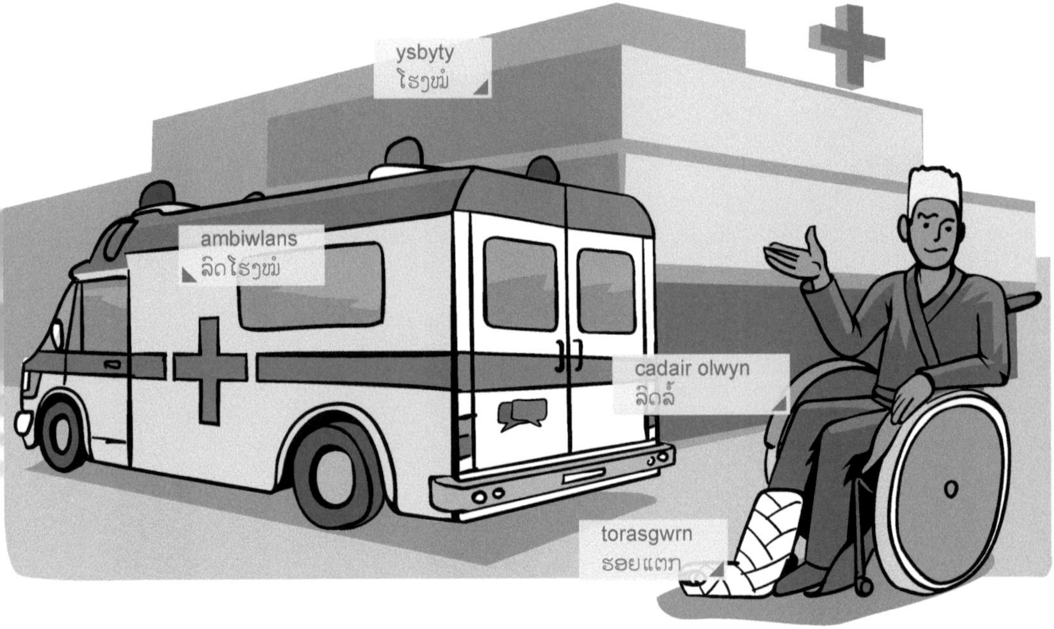

ysbyty
ໂຮງໝໍ
ambiwlans
ລົດໂຮງໝໍ
cadair olwyn
ລົດລໍ້
torasgwrn
ຮອຍແຕກ

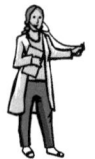

meddyg
ທ່ານໝໍ

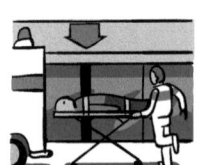

ystafell argyfwng
ຫ້ອງສຸກເສີນ

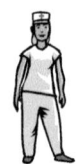

nyrs
ພະຍາບານ

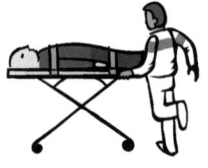

argyfwng
ສຸກເສີນ

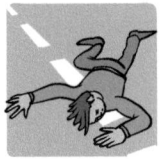

anymwybodol
ໝົດສະຕິ

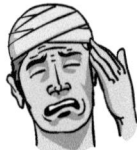

poen
ອາການເຈັບປວດ

anaf

ການບາດເຈັບ

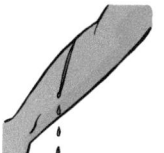

gwaedu

ເລືອດໄຫຼ

trawiad ar y galon

ຫົວໃຈວາຍ

strôc

ໂຣກຫຼອດເລືອດໃນສະໝອງ

alergedd

ອາການແພ້

peswch

ໄອ

twymyn

ໄຂ້

ffliw

ໄຂ້ຫວັດ

dolur rhydd

ຖອກທ້ອງ

cur pen

ເຈັບຫົວ

canser

ໂຣກມະເລງ

diabetes

ພະຍາດເບົາຫວານ

llawfeddyg

ໝໍຜ່າຕັດ

fflaim

ມິດຜ່າຕັດ

gweithrediad

ການຜ່າຕັດ

CT

ເຄື່ອງເອັກສເຣເຄອມພິວເຕີ

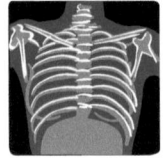

pelydr-x

ເອັກຊ-ເຣ

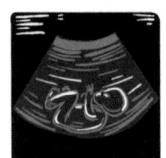

uwchsain

ອຸລຕຣາຊາວ (ultrasound)

mwgwd wyneb

ໜ້າກາກອະນາໄມ

clefyd

ພະຍາດ

ystafell aros

ຫ້ອງລໍຖ້າ

bagl

ໄມ້ຄ້ຳຂີ້ແຮ້

plastr

ຜ້າຢາງຕິດບາດ

rhwymyn

ຜ້າພັນແຜ

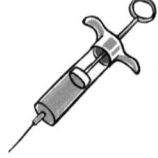

pigiad

ສັກຢາ

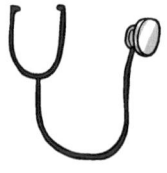

stethosgop

ເຄື່ອງຟັງປອດຫຼືຫົວໃຈ

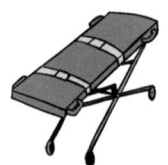

elorwely

ເປຫາມຄົນເຈັບ

thermomedr clinigol

ບາຫຼອດວັດໄຂ້

genedigaeth

ການເກີດ

dros bwysau

ນ້ຳໜັກເກີນ

x

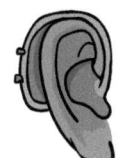

cymorth clyw

ເຄື່ອງຊ່ວຍຟັງ

diheintydd

ນ້ຳຢາຂ້າເຊື້ອ

haint

ການຕິດເຊື້ອ

firws

ເຊື້ອໄວຣັສ

HIV / AIDS

HIV / ເອດส์

meddygaeth

ຢາ

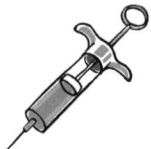

brechiad

ການສັກວັກຊິນ

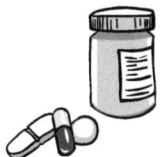

tabledi

ຢາເມັດ

y bilsen

ຢາເມັດ

galwad frys

ໂທອອກສຸກເສີນ

monitor pwysau gwaed

ເຄື່ອງວັດຄວາມດັນເລືອດ

yn sâl / yn iach

ໄຂ້ / ສຸຂະພາບດີ

Help!

ຊ່ອຍດ້ວຍ!

larwm

ສັນຍານເຕືອນໄພ

ymosodiad

ການທຳຮ້າຍຮ່າງກາຍ

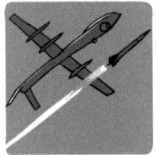

ymosodiad

ການໂຈມຕີ

perygl

ອັນຕະລາຍ

allanfa argyfwng

ທາງອອກສຸກເສີນ

Tân!

ໄຟໄໝ້!

diffoddwr tân

ຍັ້ງດັບເພີງ

damwain

ອຸປະຕິເຫດ

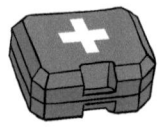

pecyn cymorth cyntaf

ຊຸດປະຖົມພະຍາບານຂັ້ນຕົ້ນ

SOS

ສັນຍານຂໍຄວາມຊ່ອຍເຫຼືອ

heddlu

ຕຳຫຼວດ

Ewrop

ເອີຣົບ

Gogledd America

ອາເມລິກາເໜືອ

De America

ອາເມລິກາໃຕ້

Affrica

ອາຟຣິກາ

Asia

ເອເຊຍ

Awstralia

ອອສເຕຣເລຍ

Iwerydd

ແອດແລນຕິກ

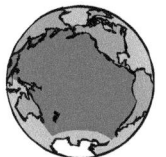

y Môr Tawel

ປາຊີຟິກ

Cefnfor yr India

ມະຫາສະໝຸດອິນເດຍ

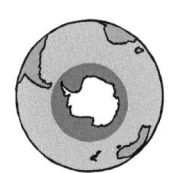

Cefnfor yr Antarctig

ມະຫາສະໝຸດແອນຕາຣຕິກ

Cefnfor yr Arctig

ມະຫາສະໝຸດອາກຕິກ

Pegwn y Gogledd

ຂົ້ວໂລກເໜືອ

Pegwn y De

ຂົ້ວໂລກໃຕ້

Antarctica

ແອນຕາຣຕິກາ

y Ddaear

ໂລກ

tir

ດິນ

môr

ທະເລ

ynys

ເກາະ

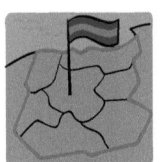

cenedl

ຊາດ / ປະເທດຊາດ

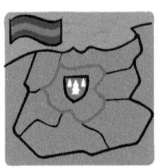

gwladwriaeth

ລັດ

wyneb cloc

ໜ້າປັດໂມງ

bys awr

ເຂັມໂມງ

bys munud

ເຂັມນາທີ

bys eiliad

ເຂັມວິນາທີ

Faint o'r gloch yw hi?

ຈັກໂມງແລ້ວ?

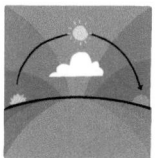

dydd

ວັນ

amser

ເວລາ

yn awr

ຕອນນີ້

cloc digidol

ໂມງດິຈິຕອລ

munud

ນາທີ

awr

ຊົ່ວໂມງ

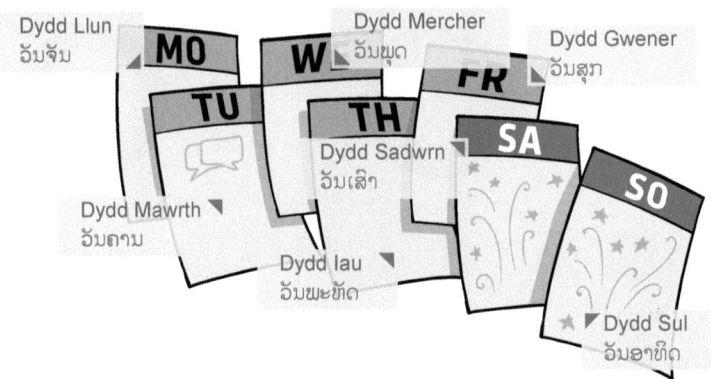

Dydd Llun
ອັນຈັນ

Dydd Mercher
ອັນພຸດ

Dydd Gwener
ອັນສຸກ

Dydd Mawrth
ອັນຄານ

Dydd Sadwrn
ອັນເສົາ

Dydd Iau
ອັນພະຫັດ

Dydd Sul
ອັນອາທິດ

ddoe

ມື້ວານນີ້

heddiw

ມື້ນີ້

yfory

ມື້ອື່ນ

bore

ຕອນເຊົ້າ

canol dydd

ຕອນທ່ຽງ

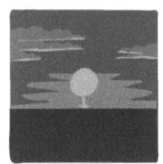

noswaith

ຕອນແລງ

diwrnodiau busnes

ວັນເຮັດວຽກ

penwythnos

ທ້າຍສັບປະດາ

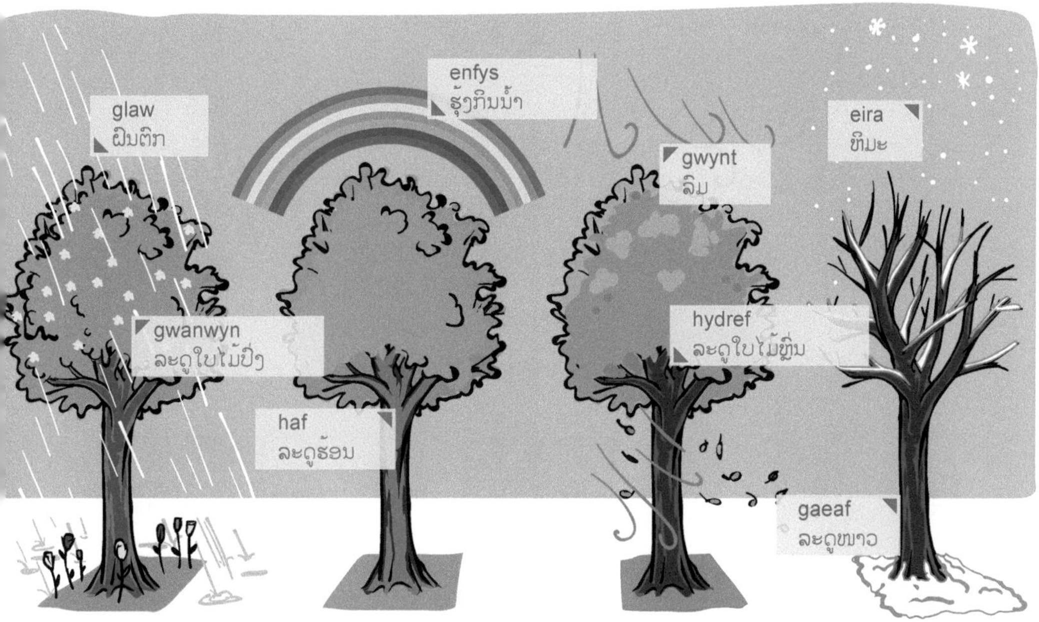

glaw
ຝົນຕົກ
enfys
ຮຸ້ງກິນນໍ້າ
gwynt
ລົມ
eira
ຫິມະ
gwanwyn
ລະດູໃບໄມ້ປົ່ງ
hydref
ລະດູໃບໄມ້ຫຼົ່ນ
haf
ລະດູຮ້ອນ
gaeaf
ລະດູໜາວ

4.APRIL 11°
5.APRIL 4°
6.APRIL 13°
7.APRIL 8°
8.APRIL 10°

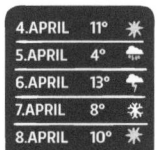

rhagolygon y tywydd

ການພະຍາກອນອາກາດ

F C
120 90 60 30 0 -30
40 30 20 10 0 -10 -20

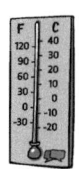

thermomedr

ເຄື່ອງວັດອຸນຫະພູມ

heulwen

ແສງແດດ

cwmwl

ຂີ້ເຝື້ອ

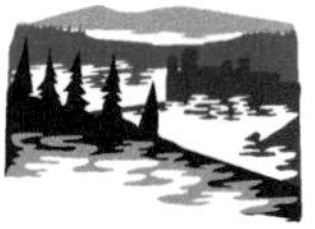

niwl tew

ໝອກ

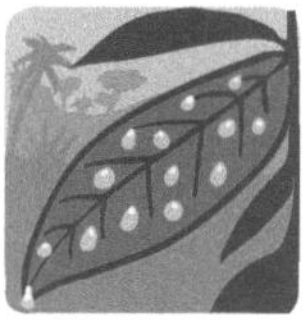

lleithder

ຄວາມຊຸ່ມ

mellt

ສາຍຟ້າແມບ

taranau

ຟ້າຮ້ອງ

storm

ພະຍຸ

cenllysg

ໝາກເຫັບ

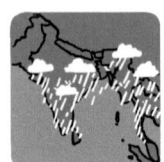

monswn

ລົມມໍລະສຸມ

llif

ນ້ຳຖ້ວມ

iâ

ນ້ຳກ້ອນ

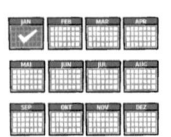

Ionawr

ມັງກອນ

Chwefror

ກຸມພາ

Mawrth

ມີນາ

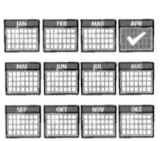

Ebrill

ເມສາ

Mai

ພຶດສະພາ

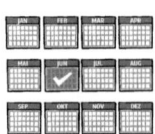

Mehefin

ມິຖຸນາ

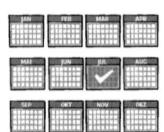

Gorffennaf

ກໍລະກົດ

Awst

ສິງຫາ

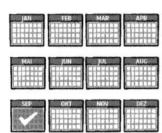

Medi

ກັນຍາ

Hydref

ຕຸລາ

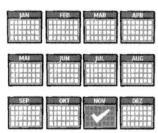

Tachwedd

ພະຈິກ

Rhagfyr

ທັນວາ

siapiau

ຮູບຮ່າງ

cylch

ວົງມົນ

sgwâr

ສີ່ຫຼ່ຽມ

petryal

ຮູບສີ່ຫຼ່ຽມມຸມສາກ

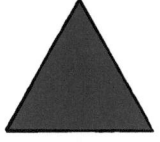

triongl

ສາມຫຼ່ຽມ

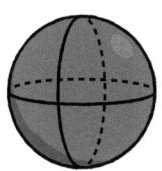

sffêr

ໜ່ວຍກົມ

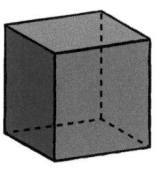

ciwb

ຮູບສີ່ຫຼ່ຽມມິນກົນ

gwyn

ສີຂາວ

melyn

ສີເຫຼືອງ

oren

ສີສົ້ມ

pinc

ສີບົວ

coch

ສີແດງ

porffor

ສີມ່ວງ

glas

ສີຟ້າ

gwyrdd

ສີຂຽວ

brown

ສີນ້ຳຕານ

llwyd

ສີເທົາ

du

ສີດຳ

llawer / ychydig

ຫຼາຍ / ນ້ອຍ

dig / tawel

ໃຈຮ້າຍ / ໃຈເຢັນ

hardd / hyll

ງາມ / ຂີ້ຮ້າຍ

dechrau / diwedd

ການເລີ່ມຕົ້ນ / ການສິ້ນສຸດ

mawr / bach

ໃຫຍ່ / ນ້ອຍ

llachar / tywyll

ແຈ້ງ / ມືດ

brawd / chwaer

ນ້ອງຊາຍຫຼືອ້າຍ /
ນ້ອງສາວຫຼືເອື້ອຍ

glân / budr

ສະອາດ / ເປື້ອນ

gyflawn / anghyflawn

ສຳເລັດ / ບໍ່ສຳເລັດ

dydd / nos

ກາງວັນ / ກາງຄືນ

farw / yn fyw

ຕາຍ / ມີຊີວິດ

eang / cul

ກວ້າງ / ແຄບ

bwytadwy / anfwytadwy

ກິນໄດ້ / ກິນບໍ່ໄດ້

drwg / caredig

ຂີ້ຮ້າຍ / ໃຈດີ

llawn cyffro / diflasu

ໜ້າຕື່ນເຕັ້ນ / ໜ້າເບື່ອ

tew / tenau

ອ້ວນ / ຈ່ອຍ

cyntaf / olaf

ທຳອິດ / ສຸດທ້າຍ

cyfaill / gelyn

ເພື່ອນ / ສັດຕູ

llawn / gwag

ເຕັມ / ວ່າງເປົ່າ

caled / meddal

ແຂງ / ນຸ້ມ

trwm / ysgafn

ໜັກ / ເບົາ

wedi newynnu / yn sychedig

ຄວາມຫິວ / ຄວາມຫິວນ້ຳ

yn sâl / yn iach

ໄຂ້ / ສຸຂະພາບດີ

anghyfreithlon / cyfreithiol

ຜິດກົດໝາຍ / ຖຶກກົດໝາຍ

deallus / twp

ສະຫຼາດ / ໂງ່

chwith / dde

ຊ້າຍ / ຂວາ

agos / pell

ໃກ້ / ໄກ

newydd / wedi'i ddefnyddio

ໃໝ່ / ໃຊ້ແລ້ວ

dim / rhywbeth

ບໍ່ມີຫຍັງ / ບາງສິ່ງບາງຢ່າງ

hen / ifanc

ແກ່ / ໜຸ່ມ

ymlaen / i ffwrdd

ເປີດ / ປິດ

ar agor / ar gau

ເປີດ / ປິດ

tawel / uchel

ງຽບ / ດັງ

cyfoethog / tlawd

ຮັ່ງມີ / ຍາກຈົນ

cywir / anghywir

ຖືກ / ຜິດ

garw / llyfn

ບໍ່ລຽບ / ລຽບ

trist / hapus

ໂສກເສົ້າ / ດີໃຈ

byr / hir

ສັ້ນ / ຍາວ

araf / cyflym

ຊ້າ / ໄວ

gwlyb / sych

ປຽກ / ແຫ້ງ

cynnes / claear

ອຸ່ນ / ໜາວເຢັນ

rhyfel / heddwch

ສົງຄາມ / ສັນຕິພາບ

0

sero

ສູນ

1

un

ໜຶ່ງ

2

dau

ສອງ

3

tri

ສາມ

4

pedwar

ສີ່

5

pump

ຫ້າ

6

chwech

ຫົກ

7

saith

ເຈັດ

8

wyth

ແປດ

9

naw

ເກົ້າ

10

deg

ສິບ

11

un deg un

ສິບເອັດ

12
un deg dau

ສິບສອງ

13
un deg tri

ສິບສາມ

14
un deg pedwar

ສິບສີ່

15
un deg pump

ສິບຫ້າ

16
un deg chwech

ສິບຫົກ

17
un deg saith

ສິບເຈັດ

18
un deg wyth

ສິບແປດ

19
un deg naw

ສິບເກົ້າ

20
dau ddeg

ຊາວ

100
cant

ໜຶ່ງຮ້ອຍ

1.000
mil

ໜຶ່ງພັນ

1.000.000
miliwn

ໜຶ່ງລ້ານ

Saesneg

ພາສາອັງກິດ

Saesneg America

ພາສາອັງກິດແບບອາເມລິກັນ

Tsieinëeg Mandarin

ພາສາຈິນແມນດາຣິນ

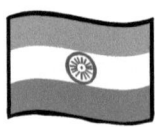

Hindi

ພາສາຮິນດີ

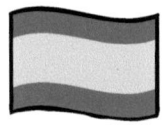

Sbaeneg

ພາສາສະເປນ

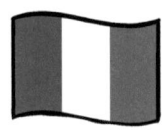

Ffrangeg

ພາສາຝຣັ່ງເສດ

Arabeg

ພາສາອາຣັບ

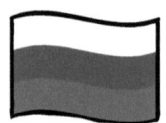

Rwseg

ພາສາຣັດເຊຍ

Portiwgaleg

ພາສາປ័ອກຕຸຍການ

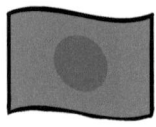

Bengali

ພາສາແບງກາອລ

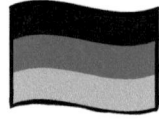

Almaeneg

ພາສາເຍຍລະມັນ

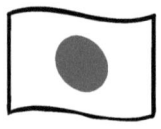

Siapanaeg

ພາສາຍີ່ປຸ່ນ

fi
ຂ້ອຍ

ti
ເຈົ້າ

ef / hi
ລາວ (ຜູ້ຊາຍ) / ລາວ (ຜູ້ຍິງ) /
ມັນ

ni
ພວກເຮົາ

chi
ພວກເຈົ້າ

nhw
ພວກເຂົາ

pwy?
ໃຜ?

beth?
ແມ່ນຫຍັງ?

sut?
ແນວໃດ?

ble?
ຢູ່ໃສ?

pryd?
ເມື່ອໃດ?

enw
ຊື່

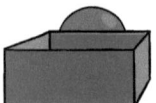

y tu ôl i
....
ຢູ່ທາງຫົວ

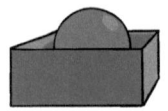

yn / yng / ym / mewn
....
ໃນ

o flaen
....
ຢູ່ທາງໜ້າ

dros
....
ເໜືອກວ່າ

ar
....
ຢູ່ເທິງ

dan
....
ຢູ່ກ້ອງ

wrth ochr
....
ທາງຂ້າງ

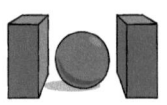

rhwng
....
ຢູ່ລະຫວ່າງ

lle
....
ສະຖານທີ່